地域ネットワーク×
WEBマーケティング

地方銀行ノマド

藤堂敏明

みらい PUBLISHING

はじめに　～地方銀行はオワコンなのか？

皆さんは地方銀行についてどのようなイメージをお持ちでしょうか？

「お金を扱うために、几帳面さがないと働けないのでは？」

「マイナス金利の影響があって、経営状況が厳しいのでは？」

「PayPay等の電子マネー事業者の出現により、競争が厳しくなっているのでは？」

「ノルマが厳しくて、働きにくそうな職場では？」

「これから他の地方銀行と合併するのでは？」など……

皆さんマイナスのイメージをお持ちではないですか？


私はある地方銀行の職員として、長く支店の現場で営業してきた地方銀行マンです。地方銀行の現場にいる立場から、ここ何年かは環境変化に地方銀行がさらされながらも、次の飛躍に向けた新たな芽が現場で出てきており、これから地方銀行の強みが発揮される可能性が出てきていることをお伝えしたいと思います。
そして地方銀行が皆さんの地域の中で欠かせない存在であり、地域の課題解決に取り組むのに一番良いポジションにいることを知って欲しいと思っています。

ここ20年ぐらいの地方銀行は、激化する金融競争にさらされ続けた時代が続いています。大手流通企業やネット企業からの銀行参入。PayPay等の電子マネー事業者の登場により地方銀行のライバルが大勢できてきました。

一番の大きな変化は10年ほど前から登場したスマートフォンです。スマートフォンの登場により銀行の窓口に行かなくても、お金の決済ができるようになり、支店の来店客数は大幅に減少しました。

きわめつけは２０１６年から開始された、日本銀行のマイナス金利政策です。これにより銀行の利息収入が大きく減り、銀行の経営が厳しくなりました。

これだけ経営環境が厳しくなると、動きの遅い地方銀行もさすがに危機感を覚えたようで、経費削減策として、支店の店舗を大幅に統廃合し数を減らしています。支店の減少に伴って、今まで支店にいた行員の配置転換が必要となり、他の店舗や本部への異動が頻繁に起こって、現場はかなり混乱状態になっています。

この混乱の影響により、我々が一番大事にしなければいけないお客様への対応が手薄になり、銀行員が本来するべき業務に集中できていない状態が少なからず起こっています。

また支店の統廃合というリストラや人員の配置換えは、現場の行員の士気にも大きく影響があり、銀行の将来性に不安を抱えた若い行員が続々と転職して、年間何十人も退職する事態になっています。


このような状況に、長年現場で活動してきた私としては寂しい思いがあるとともに、若い行員の皆さんに、地方銀行が近い将来飛躍できる可能性があることをお伝えしたいのです。

地方銀行の仕事は、地域の個人や中小企業のお客様を、お金を通じてサポートすることが目的です。お金を通じてお客様の夢を叶えるサポートをしたり、地域の課題解決に貢献することです。

地方銀行の仕事は、お金を通じてお客様から感謝されることの多い非常にやりがいのある仕事なのです。しかし、そういった銀行本来の仕事が、環境の大きな変化の中で、十分に発揮できていないという現実が今まで起こっていました。

しかしここにきてChatGPT等の生成ＡＩが登場してきました。銀行の仕事は形のないお金を取り扱っており、お客様と交わす契約書や説明書、銀行内部の稟議書や企画書など、あらゆるところで文字によって仕事が回っております。そしてこの文字を入力する作業時間が膨大にあり、部署によっては業務の8割くらいは文字を入力する作業に使われているのではないかと思います。

この文字を入力する作業について、生成ＡＩが登場することで大幅に削減される可能性が出てきました。生成ＡＩが活用されだすと従来の業務の5割くらいは削減されるのではないかと感じています。ではこの削減された時間をどのように使っていけば良いのでしょうか？

地方銀行は既に強みを持っています。地域の中で長い歴史を持った地方銀行は、現場の行員を通じてお客様と密接につながっており、多くのお客様情報（コンテンツ）を身近に持っているのです。また多くのお客様と地域で取引をしており、お客様とのネットワークが既にできており、今まで知り合いではなかったお客様同士をつないで、新しい付加価値を創造することが可能なのです。

このお客様の情報の活用と、お客様のネットワークをつないで新しく創造した付加価値を、ＳＮＳ等のＷＥＢマーケティング技術を使い、地域内や地域外、また海外へ発信するサポートを行うこと。お客様同士をつなぎ**新しい付加価値を創造する作業を仕組み化するプロジェクト型業務のスタイルを導入**することで、新たな地方銀行のビジネスモデルができるのです。

新たなビジネスモデルへのチャレンジにより、従来の地方銀行の業務を超えて、地域課題への取り組みをより活発化させることができると思っております。

本書が、これから地方銀行を就職先に考えている人や、既に地方銀行で働かれている若い行員の方、また地方銀行の行員と一緒に地域でお仕事されている方たちの新たなチャレンジに少しでもお役に立てれば幸いです。

第1章　地方銀行のなりたちと現在の姿

第2章

密接につながる地方銀行と地域

第3章 地域金融機関の課題解決に地域ネットワークを活用する

第4章 プロジェクト型業務と取引先ネットワークから収益化する

第5章 地域金融を復活させるWEBマーケティング

第6章 地域金融機関の新しい働き方

第1章

地方銀行のなりたちと現在の姿

◇地方銀行の歴史と地域とのかかわり

皆さんの地元にも、地方銀行は必ずあると思うのですがどのようなイメージをお持ちでしょうか？　各地域に必ずある地方銀行の始まりと現在の姿になるまでの歴史を簡単に説明したいと思います。

明治維新から太平洋戦争まで

日本における銀行の始まりは、明治初期（１８７３年）に渋沢栄一により創設された第一国立銀行（名前は国立であるが民間の金融機関で国が許可した銀行。第一勧業銀行と統合された現在のみずほ銀行が前身にあたる）でした。欧米で西欧の資本主義を勉強した渋沢栄一たちが、欧米列強の社会産業技術に追いつくためには、効率的な資本の集約が必要であることを学び、日本の中に銀行を設立したことが、日本における銀行の始まりです。

地域における地方銀行の始まりは、明治政府の産業振興政策の後押しがあり、全国各地の地域の有力な農家や商家、武士たちが両替商などの金融業務を地域で始めたのが地方銀行の原点で、そこから明治政府の認可を得て現在の地方銀行の前身となる組織が各地で起こります。

しかし設立間もない日本の地方銀行は、資本蓄積が少なく、経営体質が脆弱であったため、常に経営体制で非常に不安定な形をしていました。

地方銀行の数は、昭和11年（１９３６年）には４１８社、昭和15年（１９４０年）には２８０社、終戦の昭和20年（１９４５年）には53社と激減していきました。

昭和11年ごろから日本は大東亜戦争に入ったことで、地方の銀行も軍需産業に資金を投入するべく、政府の指導である一県一行主義によって、現在の地方銀行のスタイルが確立されました。つまり今の地域にある地方銀行は太平洋戦争が作り出した体制なのです。

高度成長期の時代

戦後以降、一県一行体制が継続される中で、日本経済は戦後景気の拡大で大きく成長していきました。それに伴い資金需要も非常に多くなり、日本の各地が経済成長するとともに、その経済成長を支えるべく、地方銀行は多くの資金を地域に供給しました。そして地域の発展とともに、地方銀行自身も大きく拡大することになります。高度成長期は昭和30年（1955）～昭和47年（1972年）まで続きます。

バブル崩壊による金融危機

高度成長期が終わりオイルショック（1973年・1978年）を経て、1980年代後半から金融緩和が実施され、日本経済に金余り現象が起り、不動産や株式に投融資をする、バブル景気が始まります。

バブル景気の中で、その資金需要に応えるべく、地方銀行も少なからず不動産投資への融資を行いましたが、政府の土地の総量規制とバブル潰しにより一気に不動産投融資が焦げ付くことになりました。

平成4年（1992年）にバブル経済がピークをつけた後、その後バブルは崩壊し、地方銀行の融資も焦付きが大量に発生することになりました。日本の金融行政は、金融庁（当時は大蔵省）によって指導されています。1992年のバブル崩壊後、日本の地方銀行も不良債権を多額に抱えたことで非常に苦しい経営を強いられました。北海道拓殖銀行や山一証券等の倒産によって、今まで金融機関は潰れないという神話がここで崩壊し、日本の金融業界に激震が走ったのです。この不良債権処理には、約10年以上の年月を費やして正常化に向かっていきました。

金融自由化による競争激化

２０００年代に入り、ようやく不良債権処理にめどをつけた地方銀行でしたが、今度は金融の自由化の波が押し寄せてきました。その中で銀行業界にネット系銀行や生命保険会社、流通系の企業が参入してきました。

これらの企業は大きな資産を持たず、インターネット上で資金を募集したり貸付したりできます。既存の銀行のように、店舗や設備・人材を自社内に抱える固定資産の多いビジネスモデルではありません。特定の需要のある人にサービスを提供するシステムやアプリを稼働させる、非常に軽量の固定資産がかからない仕組みで、効率良く運営されています。

また流通系の企業の仕組みについては、自分たちの流通ネットワークの中で既に店舗を持っていることで、そこを拠点にネットワークを築き、こちらも効率良く運営をされています。そのような新しく銀行業に参入した企業は、従来地方銀行が持っていた顧客基盤を侵食していき、地方銀行の業績を脅かすものとなっています。

環境変化にあわせて改正される銀行法

銀行を経営するためには、内閣総理大臣の免許が必要で、金融庁が定める銀行法によって業務のルールが細かく決められています。銀行法の中では、できる業務の範囲が決められており、固有業務と付随業務に分かれています。

固有業務とは、皆さんもご存知の、預金の預入や、融資、決済業務（振込等）で、銀行が昔から営む仕事のことを指します。

付随業務とは固有業務の周辺にある業務で、債務保証や、デリバティブ取引、投資信託、保険商品等の取扱い等を行う仕事です。

金利の高かった時代の地方銀行は、固有業務である預金と貸出の利ざやによる収益で十分に食べていけました。しかし高度成長期が終わりバブル崩壊後、景気低迷と、日本国内で新たな資金需要が減ってしまい、地域内での融資の競争が激化しました。また景気低迷による市場金利の引下げもあり、大きく金利が下がりました。

日本銀行が民間銀行に貸出す際の基準貸付利率（2006年8月以前は公定歩合）は、1990年には6・0％であったものが、2008年に0・3％になり、今もそのままの水準を維持しています（2024年8月1日時点0・5％）。

また日本銀行は黒田元総裁の時に、政策金利（無担保コール翌日物の金利）を、２０１６年１月よりマイナス０・１％に誘導することで、銀行の融資金利が連動して更に低下、銀行の収益力は下がる一方になったのです。結果として政策的に金利が引下げられ、銀行の収益力が低下したのです。

銀行法の改正で広がった業務範囲

このような金利低下の影響で銀行経営が苦しくなる中、金融庁は銀行に対して今までの業務範囲をより広げ、新たな収益機会を得られるよう、銀行業務の中の付随業務を拡大していきました。２０１８年には人材派遣業務の許可や、フィンテック会社等の設立、２０１９年には銀行が持っている顧客情報を元にした情報活用による業務の展開、地域商社の設立許可が加わりました。

２０２１年の銀行法改正では地域活性化業務を行うことを許可しました。地域活性化業務の主なものは、地域のお客様の課題に対して、課題解決をサポートするコンサルティングサービスや、課題解決をサポートできる取引先を紹介するマッチングサービス、銀行がお客様のシステム開発を行い、それを販売するシステム販売業務、登録人材派遣業務、データ分析業務、広告業務、高齢者に対する見守りサービス等を、その範囲と想定しています。

地域活性化が仕事になった地方銀行

金融庁が銀行、特に地方銀行に求めているのが、この「地域活性化業務をしっかりやりなさい」という方針だと思います。この先、地域の人口が減少し、地域経済の縮小が確実になる中で、地方銀行として自分たちの生存基盤である地域と地域経済をいかに活性化し盛り上げることができるかが重要です。

また地域を活性化することが、地方銀行が存続していくための生命線であり、地方銀行の役割であり責任であるといっているのだと思います。

◇地方銀行の現状

店頭の来店客数の減少と、店舗の縮小

現在の地方銀行はネット系銀行等の他業態からの銀行業への参入や、新たな資金

需要の減少に伴うオーバーバンキング状態、スマートフォンの普及による顧客の生活様式の変化により、銀行自体の営業スタイルを変化させる必要性が出てきました。

今から10年ほど前までは、支店の窓口に行って手続きをすることがあたりまえでしたが、現在ではスマートフォン一つでネットバンキングが簡単に利用でき、銀行の窓口や店舗のＡＴＭで手続きをするお客様は減っています。

また人口減少の影響も出てきており窓口に来られるお客様は、10年前の来店客数の約半分以下になっている支店もあると思います。そうなると今まで店舗として存在していた支店は、不必要で過剰な設備になります。そしてそこに配置されている行員も、本部や他の支店に配置転換されていく必要があります。

ここで起こっているのが、店舗の削減や統廃合を行う、店舗のスクラップアンドビルドです。現場では店舗の削減が進んでいる状態であり、従来の店舗数の３分の１程度は、削減・統廃合されていくものと思われます。

電子化される銀行の書類

もう一つの銀行の大きい流れとして、銀行内部の業務の効率化を進めるために、紙ベースの書類をどんどんペーパーレス化することと、文字を電子化して作業効率を高め、決済スピードを上げていくことが求められるようになったことです。

銀行は従来契約書や顧客説明文に紙を使っていましたが、これを効率化するためにペーパーレス化する流れがあります。また銀行の中では、稟議書や企画書が多く作成されて、その書類を下の者から順番に上席に決済を仰ぐ体制になっています。

しかし紙の書類で稟議書を決済していくことが、非効率で時間を費やすことから、紙での決済方法を電子化し、スピード感を持って運営をしていこうとしています。また、紙と文章を電子化することで、紙資源の節約にもなり効率化を図ることができます。

今後起こる電子化の流れとして、紙の契約書を電子契約書にシフトする動きもあります。これによって行員が外で営業するときも、紙の契約書を使わずにパソコン上で契約するようになるでしょう。

コンサルティング業務の深化（M&A・DX化・人事労務……etc）

従来の銀行の固有業務である預金、貸出、為替業務のほかに、付随業務である保険業務や投資信託業務、住宅ローン以外でも収益を上げる必要性が出てきました。

ここで新たに登場してきたのがコンサルティング業務の深化です。

従来から銀行はコンサルティング業務を行っていましたが、新たなコンサルティング業務を導入して、収益の獲得機会を増やそうという試みが始まっています。

人材紹介業務や、人事労務コンサル、お客様のデジタル支援をサポートするＤＸ導入コンサル、医療・介護コンサル、農業関連支援コンサル、事業承継コンサル、相続遺産整理コンサルと、銀行のお客様が悩まれている事象について、新たにコンサルティング業務でサポートするようになりました。

顧客重視の営業スタイルへの変化

従来のサービスである投資信託等の販売や、保険商品の販売等の運用性商品の販売においては、国民の健全な資産形成に資する活動として、非常に重要なものです。しかし銀行が過度に手数料収入を得る目的で、銀行都合による手数料の高い商品の販売に傾斜する問題があり、今後は過度な運用性商品の営業は難しくなっていきます。

一般のお客様に理解が難しいような株式投資を組み合わせたような仕組債や、高齢者に対する外貨建の保険商品は、銀行にとっては収益性が高いのですが、お客様にとっては非常にリスクの高い商品となります。お客様に商品内容の丁寧な説明をして納得を得た上で、かつ行員がお客様の資産背景をしっかり理解して販売しないと、お客様の立場からみて、「適合性の原則」から逸脱した販売になり問題となるのです。

銀行はこれからより高度で、お客様の立場に寄り添った新たな運用性の営業スタイルの確立が求められており、難易度の高い運用性商品の営業を強いられています。

過度な銀行の収益重視の営業スタイルの運用は、銀行都合の営業を助長するものとして今後できなくなり、支店に課されるノルマ等も廃止される流れも出ています。地方銀行は収益性をあげることと、お客様のためになる仕事をすること、この二つのことを両立させる必要があります。

地域活性化部門の創設

そのような中で出てきているキーワードが、「地域活性化」です。これは金融庁からいわれている付随業務の中の新たな位置づけであり、今後地域の人口の減少が激しくなる中で、地域活性化業務が非常に重要な事業と位置づけられています。

地域活性化業務をきちんとできる銀行とできない銀行で今後の存続自体も決まり、これは銀行にとって大きな課題ともいえるでしょう。

◇電子決済システムの浸透と統廃合される支店

電子決済システムの浸透

今はスマートフォンの普及とバンキングアプリが登場したことで、窓口に出向いて入出金や振込手続き、投資信託の購入手続きをしていたものが、スマートフォンの中で全てできるようになっています。

またPayPay等の電子マネーによる支払い方法の多様化により、銀行の窓口で振込手続きをしなくても決済ができる便利な仕組みができています。銀行の口座を通さず、いろいろな方法で支払いができるようになり、銀行の出番が減っているのです。

削減されるバックオフィス要員と拡大する営業人材要員

スマートフォンによるバンキングアプリの拡大と、PayPay等の新たな電子決済システムの普及により、支店の窓口に来店されるお客様の数は激減しています。このような状況は結果として従来あった支店の数が過剰になるということを意味しています。

既存の支店が過剰になってきたことで支店の統廃合が現在進められており、支店の数は従来のピーク時よりも3分の1ほど減少していると思われます。

支店が統廃合されると、当然そこで働いていた行員も他の支店に転勤したり、本部へ異動したりと、配置転換が行われます。また銀行業務の電子化や自動化が進み、バックオフィス業務が機械化されることで、人員を営業部門にシフトする流れが出ています。

◇銀行内部の業務がＡＩに置き換わる

銀行の中では、従来膨大な文章や紙と時間を使って意思決定作業が行われていました。しかし、ここにきて、ＡＩ（人工知能）を活用して、行員が従来行っていた作業を軽減して、人間である行員にしかできない仕事に注力していく流れがあります。

ＡＩは、従来行員がしていた入力作業や、調べ物にかかる作業を肩代わりしてくれます。分析する作業や、文章を書くことの作業時間が、ＡＩにとって代わられ短縮される可能性が出てきています。

生成ＡＩが、銀行の業務フローを効率化させる

例えば、銀行の業務はあらゆる分野においてルールの明文化が必要です。ルールを守るための手引書や、手順書、業務フローを明文化し、規定化する必要があります。

この規定類の文章を作成するためには、関連部署や現場で既存にある規定や、契

約書等が複雑に関わっています。その規定や契約書・書類に関わる様々な銀行内のルールに対して、網羅的に漏れや間違いがないかをチェックする必要性があります。しかしこれを調べることは、非常に膨大な時間と労力を費やすのです。

これを、ＡＩを使って社内の文章を読み込ませて、一定の条件をもとに調べてアウトプットできるようにすると、自分たちが作りたい手順書のたたき台をＡＩが作成してくれるようになるのです。おそらく今までかかっていた作業の3分の2程度は削減されるのではないでしょうか。

また融資を行う際には、稟議書を作成して融資部の決済を経て、お客様への融資実行に至ります。この稟議書を作成することについても膨大な時間を費やします。

稟議書を作成する上で必要なことは、該当企業の状況分析や、その会社の製品の特徴、将来性、競合他社の製品、競合他社の戦略等、この融資を実行しても確実に返済されるということを、論理的に説明していくことです。この稟議書を作成するための分析や、分析結果を文字として稟議書に入力していく作業は、かなり時間を費やします。

しかし、ＡＩに環境分析や過去の企業の経営状態、当社の製品の特徴等を事前に読み込ませると、稟議書のたたき台の文章は簡単にできあがるのです。ＡＩが作成した稟議書のたたき台に担当の行員は、融資する企業の真の強みや成長性、社長の経営能力等、現場でしか得られずＡＩでは分析できない強みを付け加えるだけで作業が終わります。

稟議書の作成についても、従来の作業時間の3分の2程度は削減できると思います。このように銀行の業務の中にＡＩが導入されることによる行員の作業時間の軽減効果は大きいのです。

原点回帰の「人を見て融資をする」

ここで軽減された3分の2の時間をどのように使うかが今後の銀行経営の重要な問題です。今まで行員が時間をかけて分析したり、文章を入力していた時間が削減されることで、人間である行員にしかできないクリエイティブな仕事の量を増やすことができるようになるのです。

では、人間である行員にしかできない仕事とはどのようなものでしょうか？

それは取引先の社長の想いだったり、社長の性格、社長のやる気であったり、その会社の社員のモチベーションであったり、その現場でしか感じられない目には見えない無形の力と、成長可能性の情報収集に時間をかけることです。お客様の真の力を知って、お客様のサポートをしていくということです。

中小企業は人が命です。その人を実際に見に行けるのが地方銀行の行員なのです。昔の地方銀行員は、人を見て融資をするというスタイルがありました。そのスタイルがＡＩ化の進展とともにより強く戻ってくる可能性が出てきています。

今後ＡＩが地方銀行の中に入り、銀行の業務は軽量化されて、銀行の労働の質は劇的に変わると思います。その中で銀行員は、お客様の将来性についてサポートをしたり、新しい資源開発の協力を行うということが起こってくるはずです。

これから力を発揮する地方銀行員とお客様の素材（コンテンツ）

地方銀行の業務がどんどん軽量化され簡素化されると、最後に地方銀行に残ってくるものは何か？　**最後に残ってくるのは、お客様の製品やサービス（コンテンツ）と、お客様が世の中の人に対して提供していきたいという想いです。**

この製品やサービス（コンテンツ）について、**いつも中小企業の社長の横で製品の内容やサービス内容を聞いている担当者との関係性しか残らないのではないかと思います。**

実は銀行員は、中小企業の社長や、その会社の社員と同じレベルで製品の特徴や強みを知っている身近な存在であり、その会社の応援団なのです。

そのような素材（コンテンツ）は、地域の中に無限大に存在しています。しかし、中小企業にはそれを世に出していく知識や人材がなく、今は地域の中でお宝として眠っているのです。

これからＡＩで銀行員の労働の質が変わって、お客様のためになる良いサポートができる時代がくると、この眠っているお宝のコンテンツを、銀行員がサポートし、中小企業の社長と一緒になって世に知らせる仕組み作りができます。そうすることで、売上がどんどん伸長する可能性があるのです。

第2章

密接につながる 地方銀行と地域

◇地方銀行は地域の歴史・風土を知る存在

地方銀行は地域と共に成長してきた企業です。地域の産業の発展を、お金の面から支えてきた存在です。明治の初期から現在まで100年以上の歴史を地域の中で共にしてきた関係です。

地域の歴史の中で一企業という枠を超えて、お金を介して、人のつながりを作ってきた側面があり地域の中では欠かせない存在なのです。

地域の中には、それぞれ特色のある独自の自然であったり風土があります。その自然や風土に沿った形で、産業や工業が発展してきました。それぞれの地域で個性的な歴史があります。その個性のある産業の発展を支えてきたのが地域金融機関になるので、必然的に地方銀行は地域の経済にとって欠かせない存在であり、地域の産業の歴史を名実ともに理解している特別な企業なのです。

地域の経済にとってお金の面から地方銀行は欠かせない存在であり、個性的な地域の産業について、昔からその特性を知り尽くしているのです。

地方銀行が無くなると困ったことになる地域

途中から地域の歴史を知ろうとしても、その個性はなかなか外部からは理解できない部分があります。地方銀行は地域のお客様のことを、阿吽の呼吸で理解できる無形の資産を組織の中に蓄積しているのです。

そのような歴史を背景に、地方銀行はお客様に融資ができる強みがあるのです。なので、お客様が事業をするために融資の相談に来たときも、地方銀行の中には歴史に刻まれた様々な地域の情報があり、その情報をもとにした地域でしか理解できない力をもとに、取引ができたり、融資での支援ができるのです。そういう意味で地方銀行は非常に特別な企業といえます。

だから、地域経済の発展は地方銀行のサポートなしにはあり得ないともいえます。そのような重要な役割を地方銀行は創業当初より担ってきたので、地域にとっては欠かせない存在なのです。

人をみて融資を行ってきた地方銀行

地方銀行の創業当初の歴史からすると、6世代も7世代もつながった取引が継続されています。地方銀行はそのような歴史的な背景と、地域でのお客様との長い取引の関係から、地域での有形無形の情報を銀行の中に有しています。

このような情報をもとに、新たな融資の判断や資金のサポートを行うので、杓子定規な数字だけの判断ではなく、お客様から説明される内容や数字以外にも、本質的な事業の状況を理解できる、非常に特別な存在なのです。

融資の申し込みに来た方がどのような人物なのか、本当にその事業を実行に移せる能力があるのかなど、様々な側面から分析してサポートができる貴重な存在なのです。まさに人を見て融資するスタイルが、地方銀行の業務の根幹といえます。

かつては優秀な人材が入社してきた地方銀行

そのような地方銀行には、地域の優秀な若者たちが地域の発展に自分自身も貢献したいという気持ちで、就職してきた過去がありました。かつては、地方銀行は地域の中の就職人気ランキングで常に上位に位置づけられる企業であったのです。

かつて地方銀行は地域の優秀な人材の有力な受入機関で、若い行員たちが地域のお客様のために、事業融資を通じて地域貢献をするという、地域内での良い人材の循環がありました。

◇地域金融機関のビジネスモデルの限界

地方銀行の収益のビジネスモデル

地方銀行の収益モデルは、地域のお客様から0・001%という低い金利（マイナス金利が解除され、2024年9月2日現在は0・1%）の預金を集めて、地域の事業者さんに0・3%から2%程度で融資を行い、その金利差（利ざや）で収益を上げるビジネスモデルです。

個人のお客様に対しても、住宅ローンやマイカーローンと生活に関わる資金需要にも融資を行い、預金と融資の金利差（利ざや）で収益を上げます。金利の推移グ

地方銀行貸出約定平均金利

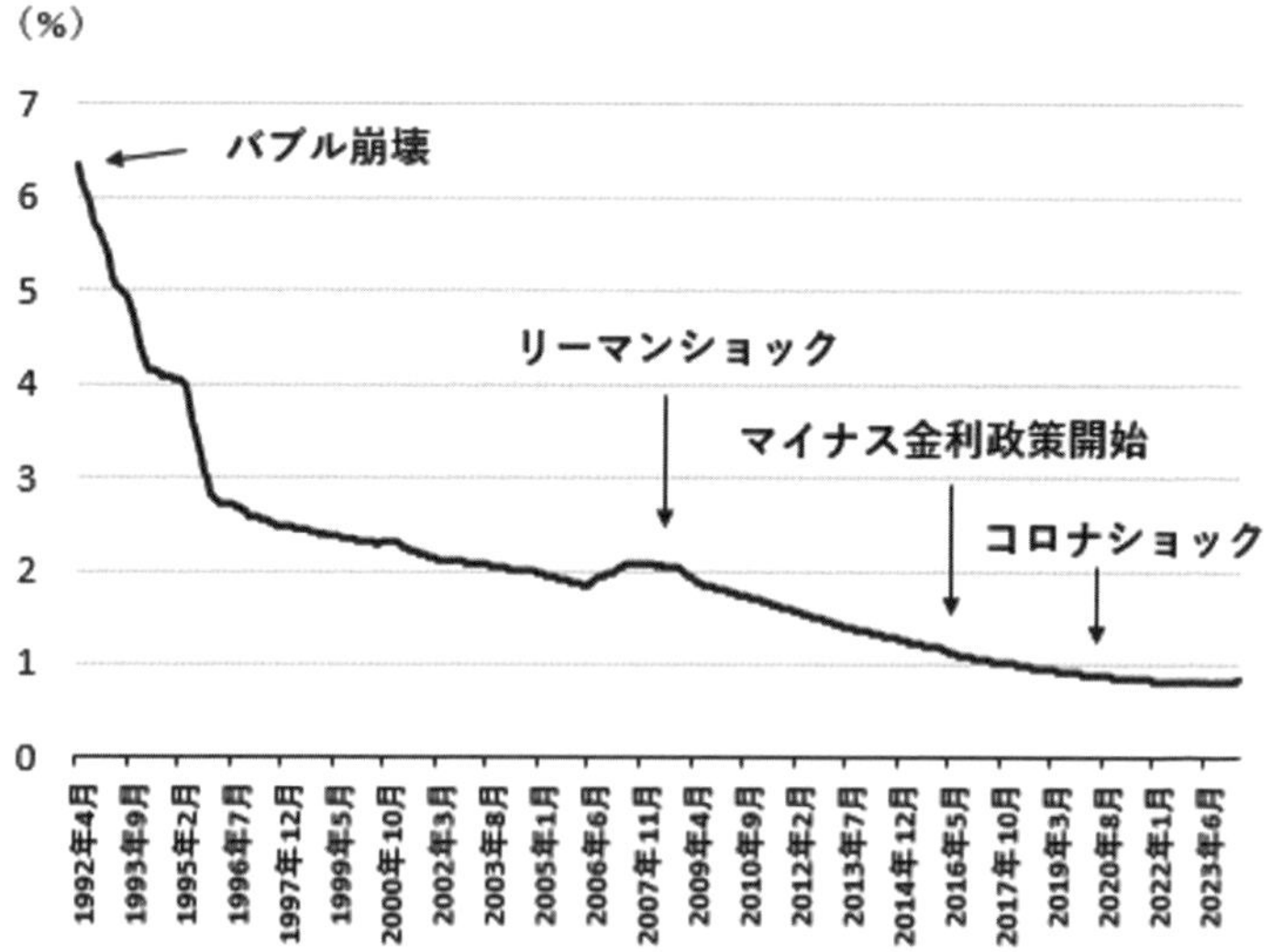

【資料】日本銀行・時系列データ
「地方銀行貸出約定平均金利（ストック／総合／地方銀行）」より作成

ラフを参照してください。バブル崩壊後１９９２年より一貫して貸出金利が下落していることで、地域金融機関の収益は継続的に減少しているのです。

そのため金融庁は、銀行業界に新たな収益源を持たせるために、地域金融機関に預けられている預金を原資とした、投資信託や保険商品といった運用性商品の販売を認めたり、取引先に対して融資以外でコンサルティング業務を行うことで、手数料収益を得られるような仕組みを許可してきました。

融資利息というストック収入

新たな手数料の収益源を拡大したものの、新たな業務で継続して収益を上げていくことは労力がかかり大変なことです。なぜならば、新しい業務の手数料収入は一回限りの獲得で終わってしまうからです。

銀行の主な収益源である融資による金利収入はストック収入です。ストック収入は仕組み化されていて継続的かつ安定的に入ってくる収入です。

皆さんのまわりでわかりやすい事例は、アパートのオーナーさんがあげられるでしょう。賃貸アパートの家賃収入を思い浮かべて下さい。アパートのオーナーさんは家賃収入があり、働かなくても土曜日でも日曜日でも安定して入居者から家賃収入があります。借りてくれている住人の方がアパートに入ってくれている間は、オーナーさんは何もしなくても、眠っていても家賃というストック収入が継続的に入るのです。

これと一緒で、銀行の金利収入も仕組みが構築されているので、融資にともなう金利というストック収入がある限り、継続して収益が上がります。このストック収入があることが、以前は銀行の生産性が高かった理由です。このストック金利収入を維持することが最重要の経営課題であったのです。

金利収入であるストック収入を増やすためには、収入源となる融資量を最大化していく量の拡大が必要です。融資量×金利幅（利ざや）で、銀行のストック金利収益を最大化することが主な戦略だったのです。

いろいろな商品を取り扱う地方銀行

バブル崩壊後、地域の中で融資の資金需要が減少したことで、地域金融機関同士の競争が激化し、さらには政府の政策金利の引き下げの影響により、金利の幅（利ざや）が減少しました。

金利幅（利ざや）が確保されているときは、融資を増やすことに注力すれば、銀行の経営は安定していたので、取引先に対しても事業を中心としたサポートを日常的にすれば良く、現場の支店の営業も落ち着いていました。

しかし金利幅（利ざや）が減少したことで、銀行の収益性が落ち込み、他の収益源を持つことが必要になりました。そこで投資信託や保険商品、住宅ローンといった新たな商品で収益を上げていく必要性がでてきたのです。

ところが投資信託や保険商品というのは非常に厄介で、融資による金利収入の減少を補う目的のために始めた業務なのですが、一人の担当者が行う業務量と目標が以前に比べて大幅に拡大しているのです。一人のお客様に対して、融資のサポートをしながら、同時にその会社や社長、従業員へは、投資信託や保険商品を営業するといった具合です。

融資の業務の質と、投資信託や保険商品の販売業務の質は全く違うのです。これを同時にこなしていくことが、現場の担当者からすると非常に負担になります。

一方、お客様の側から見ても、融資の話をしているのに投資信託や保険業務の営業も同時にされてしまいます。このことは真剣に自分たちのことを考えてくれているのかと、非常に不安になるケースがあるのではないでしょうか。

就職先として人気が無くなった地方銀行

地域金融機関の支店の営業窓口や得意先の社員を使った、銀行の証券会社化や保険会社化が起こっています。これは、人材的にも経営的にも大きな問題をはらんでいると思います。

お客様は事業のサポートをして欲しいのに、投資信託や保険商品の営業をされてしまう。お客様から地域金融機関に向けられる視線に非常に不信感がつのるのです。このようなことが現場で起こることで、地域金融機関の職員の本音では、お客様の事業のサポートがしたいのに、投資信託や保険商品を営業しなければならないというジレンマに陥ります。

地域金融機関に入社したときには、地域のお客様の事業をサポートする業務がしたいと志を高く持っていたのに、実際に入社してみると、投資信託や保険商品の営業を多くしなければならないという、入社前とは違う感覚を持つ若い人たちが大勢いて、これも若い人たちが地域金融機関から転職する大きな要因の一つになっているのではないかと思います。

◇変化を求められる地方銀行

このままでは、もたない地域と地域金融

地方銀行のビジネスモデルは、地域のお客様のお金を銀行預金という形でお預かりして、それを原資に地域の個人や法人のお客様に融資をする事業が中心です。銀行の収益のもとは、預かった預金の金利と、貸出をする融資の金利の差額（利ざや）が収益源となるのです。お客様に預け入れていただく預金は、地域のお客様から低い金利で調達し、それを原資に貸出をします。金利が高かった時代は収益が上がっていました。

20年前ぐらいまでは貸出金利が高かったので、銀行も利ざやで十分に収益が上がっていたのですが、地域の中における設備投資需要の減少により、地域内で銀行間の貸出競争が激化し、銀行の収益は低下していきました。

このままでは地域を支える地方銀行の収益が落ち込んでしまい、銀行経営も立ち行かなくなる危険性が出てきたので、金融庁が銀行に様々な収益を獲得できる環境を与えるべく、銀行法を改正していきました。投資信託や保険商品、Ｍ＆Ａ業務、

コンサルティング業務と、銀行が新たにしても良いビジネスが銀行法上広がっていったのです。

マイナス金利の影響

収益拡大の機会が増えましたが、日本銀行による2016年のマイナス金利の導入で、貸出金利はより一層下がることになりました。お客様から預かる普通預金の金利は限りなく0％になる一方で、融資の貸出金利は預金金利以上に下がったことで、利ざやが大幅に減少し、業務の種類の幅を広げるという収益源の多様化だけでは、銀行経営が成り立たなくなってきました。

地域活性化業務を新しい収益源にする

また地方では人口減少が進む中で、地域の経済を活性化することが重要になってきました。地域経済が活性化しないと、地域に収益基盤を置いている地方銀行は、将来がなくなってしまいます。

金融庁は地域経済が衰退して、地方銀行が将来、健全経営ができなくなることを非常に危惧しています。地方銀行として地域活性化をどのようにしたらいいのかということを考えさせるべく、２０２１年に銀行法を改正して、付随業務の中に地域活性化業務を新たに加えました。これはまさに地域と地方銀行は一蓮托生となっており、地域経済の活性化なくして、地方銀行の発展もないということを示しているのです。

地方銀行が身を置いている地域が衰退していくということは、地方銀行自身も衰退することを意味します。そこで金融庁は銀行の業務として、地域活性化業務を加えたことで、地域活性化のための仕組みを作っていくよう指導しているのです。これは、「地方銀行の存続基盤である自分たちの地域を衰退させずに、地方銀行の力で活性化することを業務として活動せよ」と、ここで従来の預金や貸出、為替業務を起点とした業務から、もう一つ踏み込んだ地域のための仕事を、地方銀行自身に求めるという金融庁からのシグナルだと思います。地域の経済が活性化すれば、おのずとその地域と地方銀行が一緒に成長できるということです。ここで地方銀行の新たなビジネスモデルの展開が必要になってくるのです。

◇経営資源の乏しい地域の中小企業

WEB技術を利用できない（自社製品の特長を発信できない）

地域の中小企業は経営資源である「人・モノ・カネ・情報」が慢性的に不足している会社が多くみられます。特に人材面ではIT技術であったり、マーケティング技術に関する知識を持っている人材が不足しています。

社長自身が想いを込めて作った製品やサービスは多くあります。想い入れが強くこだわった製品が多くあるのですが、想いだけがあり、その想いや製品の特徴をお客様に対して伝える技術を知らないために、世の中に認知されていないケースが多いのです。

このまだ知られていない社長の想いや、製品の特長を発信する技術が、WEBマーケティングなのです。しかし地域の中では、WEBマーケティングについて誰に相談して良いかもわからず、何もしていない会社がほとんどです。

事業者が認識する経営課題

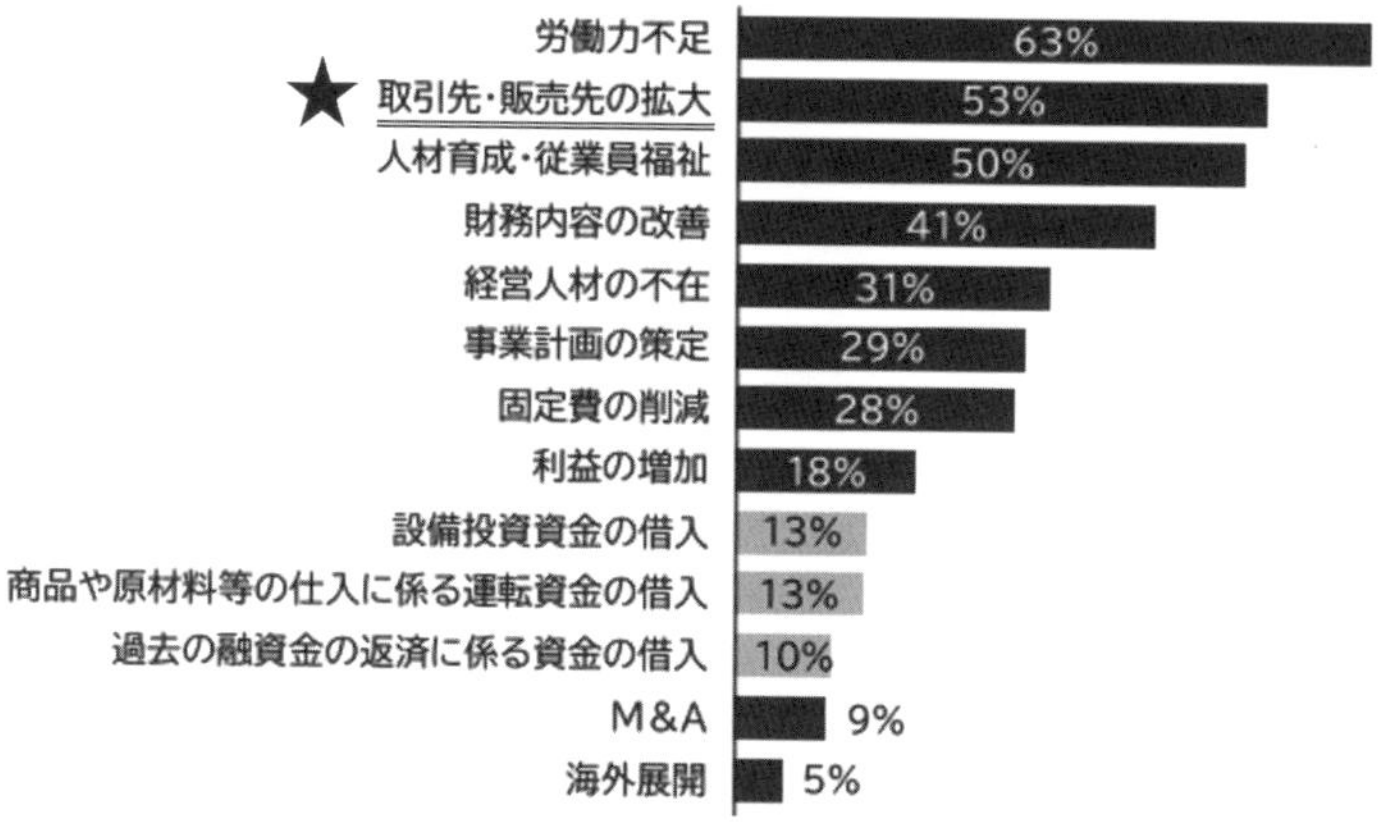

※経営課題の中で、より強く感じている課題について、順位付けのうえ、最大５つ回答したものを集計
※回答数が5%より大きいもののみ掲載

【資料】令和６年６月金融庁作成
「地域銀行による顧客の課題解決支援の現状と課題」より抜粋

インバウンド需要に対応できない

人口減少による地域経済の伸び悩みが予想される中で、新たな需要として期待できるのはインバウンドの外国人観光客の人たちです。これからはインバウンド消費に対応することが重要になってきます。

しかし、インバウンド需要に対する製品やサービスの提供を地域の中小企業が自社だけで対応することは非常に難しいといえます。そのため、海外からのお客様にどのように対応して良いかわからず、何もできていない企業が大半です。

想いは一緒だが、企業ごとの活動に留まる地域経済

また、地域の中で地域活性化の活動をしている人たちは、中小企業の社長や地域おこし隊や、自治体の職員等がいます。けれども、それぞれの人たちが地域活性化のサポートをしたいという強い志を持ちながら、実際にはどのようにしたら良いかわからず、何も活動できていない状況があります。

それらの人たちは、地域活性化をして地域を盛り上げて、自分たちの地域の将来を良くしたいという熱い想いを持っています。しかしその想いだけを持ち、それをどのようにして組織立てて運営したら良いかわからずに、立ちつくしている状態で

す。

地域の中小企業や自治体が、地域活性化を行うということは、現実問題として非常に難しいものがあります。これはそれぞれの組織の壁が立ちはだかり、地域の中でうまくネットワークが築けていないことが原因だと思います。

誰が地域の中小業企業をサポートするのか？

では、一体誰が地域の活性化のために、志ある地域のメンバーをまとめて、その想いを具体化していけるのでしょうか？

それができるのは、地域の中で広いネットワークを持ち、信頼関係を築いている地方銀行員だと思うのです。

◇人口減少が襲う地域の「2040年問題」

慢性的な地域の中小企業の人材不足

地方銀行の経営は、地域経済と切っても切れない関係性があります。地域経済にとって、今一番大きな課題は少子高齢化に伴う人口減少です。生産年齢人口の減少がいっそう進んで働き手が少なくなり、それに伴う地域の消費が落ち込み、地域の経済は停滞していく危険性が高いのです。

生産年齢人口に該当する15歳から65歳の年齢層は、消費意欲が高く活発な経済活動を行う集団です。この層が少なくなると地域経済は停滞します。

生産年齢人口の統計推移を見ると、2000年には8638万人、2020年は7406万人、2025年は7170万人、2040年は5978万人と、これから15年で約1200万人が減少します。現在の東京23区の人口が約1000万人なので、東京23区の人口以上の労働力がこれからの15年で無くなると思うと、これは衝撃的です。

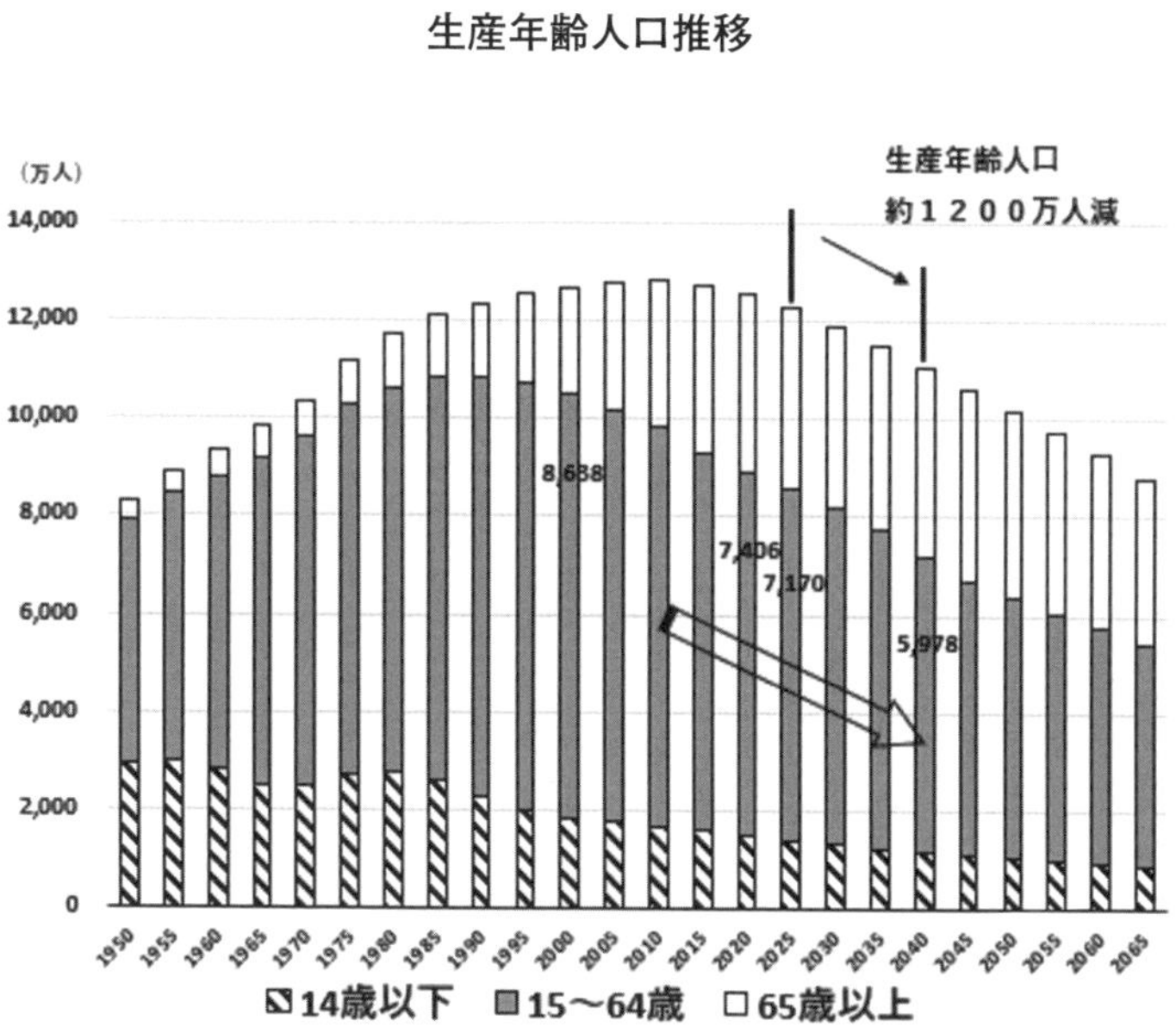

※生産年齢人口：15 歳～ 64 歳
【資料】令和４年版　厚生労働省　労働経済白書
労働経済の分析「我が国の生産年齢人口推移と将来推計」より

このように、人口減少による日本の経済力の弱さが特に地方に表れていると思います。このような生産年齢人口の減少は、慢性的な人材不足に悩まされている地域の中小企業には大きな痛手です。

経営を担える人材であったり、会社の中核を担える幹部社員が少なく、事業拡大や事業継続において、人材不足が足かせになっています。

15後はもっと人材不足になる、地域の中小企業

15年後の生産年齢人口を見ると、今後人員の確保はさらに厳しいものとなり、どんどん人が集まってくる状況にはないのです。また中小企業の中核人材の不足については、経済のデジタル化が進展する中にあっては、より一層対応していくことが難しい状況になってくると思います。

例えば、中小企業の社長が自社の製品が非常に良いと思っていても、それを世の中に発信する手立てがなかったり、WEBを使って売れる方法等を知らないということが、地域の中にみられるのです。

このような中で、銀行の中でも働き盛りの30代から40代の中堅行員が、銀行の先

行きに不安を感じて年間に数十人単位で転職しています。現場の混乱と、中堅行員である人材が転職することで、慢性的な人員不足に陥っています。現場の支店では仕事をこなすことも難しい状況にあります。15年後の生産年齢人口の推移等を見ても、人員不足がより深刻になることは明らかです。

◇地域の中で眠るお宝の製品・サービス（素材・コンテンツ）

地域にはまだまだ知られていない、素晴らしい素材がいっぱい

地域の中にはまだまだ世の中に知られていない製品・サービス（素材・コンテンツ）がたくさんあります。今までの中小企業は地域の中だけで商売ができており、あえて他の地域に商売を増やす会社はそう多くありませんでした。

しかし、今後人口減少が明らかになり、地域経済が伸び悩み、お客様の消費行動が成熟化した中では、今まで売れていたものが売れなくなるので、地域以外の人にも売っていく必要があります。地域の中小企業は、コロナ感染症による特殊な災害を経験したことで、地域の中だけで商売をすることのリスクを感じ始めています。

日本の地域に根ざす歴史・自然・文化

日本の中には太古の昔からある歴史、自然、風土、文化が京都や奈良以外の地方にもたくさんあります。それらはまだまだ世の中に知れ渡っていません。地域の歴史、自然、風土、文化である素材、コンテンツの魅力について、日本人よりもインバウンドで来る外国人の方が先に気づき始めています。

現在世界では、日本ブームが起きています。春夏秋冬の四季のある日本では、季節に応じた素材の旬があり、変化に富む様々な自然や食べ物が豊富にあります。この四季の変化と織り交ざった地域の中にある製品やサービスは日本的なものとして、海外の人から価値があると評価されているのです。

地域金融機関の課題解決に地域ネットワークを活用する

第3章

◇地域金融機関の組織構造上の問題

地方銀行や地域金融機関の組織構造の形態は、ピラミッド型の組織で、本部から支店の中まで縦割りの構造です。ピラミッド型の縦割組織は、単一的な仕事をするのには向いていると思います。上席が指示したことに対しては、職員は忠実に業務をこなすからです。

指示されたことについては必死になって働くのですが、ピラミッド型の縦割組織は、指示されないことについては、関わりや関心を持とうとしません。**拡張性が非常に低い組織形態**なのです。ピラミッド型の組織では、お客様の困り事に対して広くサポートをするのには柔軟性に欠けています。

トップダウンで上席が決めたことを従順にこなすだけであれば、ピラミッド型組織でも十分です。この組織は、「職員数」×「労働時間」で稼げていた時代の名残です。一つの支店で支店の人数に合わせてノルマがあり、それぞれの職員が自分の時間を使って収益を上げていくビジネスモデルがまだ続いているのです。

これは、仕事の質としては拡張性の低い業務の仕方といえるのではないでしょうか。工業製品を製造するのと同じように、労働時間に応じて成果物を求める旧態依然とした組織形態です。

現在は情報化社会が進んで複雑な事象が現場で多く起こります。知識労働者が知恵を使って工夫しながら課題を解決しなければならない現場となっています。なのに、地域金融機関は人材が働いた時間に対してお金をもらう、拡張性のない仕事の仕方になっているのです。だから入社しても若い人たちは仕事の仕方に嫌気がさして転職もするし、地域金融機関に入りたいと思う若者も減っているのだと思います。

◇拡張性のない地域金融機関の業務

マンパワーに頼った営業スタイル

拡張性のない業務とはどのようなものでしょうか。労働の投入量に対して決まった収益しか上がらない、労働した量と収益額が正比例の関係にある仕事です。地域金融機関の仕事は金融知識を持った人たちが、金融商品のセールスを行う軽作業をこなす業務になっていると思います。収益を獲得するために、労働時間を使って、既存のお客様や口座のあるお客様のところに出向き、商品をセールスするという働き方です。

地方銀行のネットワークを利用すると証券会社と保険会社

証券会社や保険会社は、地域金融機関のように預金情報とお客様との地域内での広いネットワークがないことと、融資業務や決済業務に伴ってついてくる信頼性がないために、地域のお客様に対して投資信託や保険商品を広範囲にセールスすることが簡単にはできません。しかし地域金融機関は顧客情報を大量に持っていること、支店の担当者を通じて地域のお客様との接点を持っているので、地域の中で広範囲に一斉に営業をかけることができます。

投資信託や保険商品の営業は、地域金融機関が独自のマーケティング活動を行い、自動的に売れる仕組みを作ってお客様の方から望んで投資信託を購入してくれるのであれば問題ありません。しかし融資業務や決済業務を通じた情報を握っている銀行から、投資信託や保険商品の営業提案を受けると、お付き合いで契約してしまうケースが少なからずあるのです。

負のスパイラルに陥る営業

また一番の問題なのは、若手職員の業務の中心が投資信託や保険商品の営業になってしまうことです。融資スキルが未熟な若手職員は、お客様の事業のサポートが十分にできないのです。結果的にわかりやすい、投資信託や保険商品のセールスに大半の時間を費やすということが起きます。

これが地域の中でお客様からの信頼を低下させており、お客様と銀行の長年の信頼関係を壊しているのです。このようなお客様との信頼関係の低下は、現場で担当している職員が一番肌で感じており、仕事に対するモチベーションを大きく下げる要因となっています。収益を上げるための営業活動が原因で、若手職員のモチベーションを下げるという負のスパイラルに陥っているのです。

負のスパイラルから早く脱却するために投資信託や保険商品の営業は、専門性の高い人材が担当する仕組みを作るべきです。融資業務や顧客のサポート業務を行う担当者からは分離して、専門性の高い人材に任せる仕組みを構築していかないと、本当に地域金融機関は、お客様の信頼を失ってしまうのではないかと心配です。

融資業務や顧客サポート業務をしている職員に投資信託や保険商品の営業をさせるという、質の異なる商品を同じ担当者が同じお客様に販売していくということが、地域金融機関が抱えている大きな問題だと思います。

将来地域の中で人口減少が進み、地域経済が衰退するのが明らかな中、このような目先の収益目標を達成するための営業スタイルで、本当に大丈夫なのでしょうか。

正の循環に入るための営業

負のスパイラルから抜け出し、地域の活性化と地域金融機関の収益を両立させる「正の循環」を目指すには、どのようにすればよいのでしょうか。

私は、銀行が本来行うべき融資業務やサポート業務を、収益性のあるビジネスモデルに再度戻すことが必要だと思っています。

ここで反論される方もいらっしゃるかもしれません。銀行の融資業務で収益があげられなくなったから、投資信託や保険商品などの新しい商材の導入をしたのではなかったのか、今さら何をいっているのかと思われるかもしれません。

それでも私は、銀行の融資サポート業務の考え方を変えたら、まだまだ地方銀行や地域金融機関の収益性は上げられると思います。

お客様の情報とネットワークを活用する

それはどのような方法なのでしょうか。

地域金融機関はお客様の情報や状況を、お金を通じて、お客様の家族よりも良く知っている存在です。お客様は担当者のことを信頼してくれていて、事業のことを色々と担当の人に伝えてくれます。この、お客様からの情報をもとに、今までは融資の判断、与信判断をして融資を実行して金利収入を得ていました。

しかしこの融資業務が、金利の一貫した低下により銀行の収益性を下げてきました。だから銀行の融資を中心としたビジネスモデルは破綻したと思われているのです。

ですがここで少し考えてみてください。地域金融機関は融資の与信判断をするときに、お客様の経営に関する情報を既に獲得しています。この情報から収益を得る方法を考えれば良いわけです。

ＧＡＦＡは情報とネットワークで収益を上げる

今、情報の分野で世界を牛耳っているＧＡＦＡ（Google・Amazon・Meta(Facebook)・Apple）は形のない情報とネットワークを使うビジネスモデルで世界を制覇しました。

地域金融機関は地元のお客様の商品情報（コンテンツ）と地域内のネットワークを既に持っています。

この地域金融機関のお客様の商品情報（コンテンツ）と地域内でのネットワークは、今は点と点でしか動いていませんが、この点と点をつなぎ合わせることで、新たな付加価値が創造できます。これを地域金融機関の業務にしていけばよいのです。

拡張性（広がり）のあるビジネスモデルへの転換

地域金融機関は、拡張性のない業務のスタイルから、拡張性のあるビジネスモデルに変換していくべきなのです。拡張性のないビジネスモデルとは、限定的な地域や、業界が限定されている市場、古い習慣で勝負しているビジネスモデルです。

今後、拡張性のあるビジネスモデルに転換するためにはどのようにすれば良いか。それは、拡張性のある市場と、拡張性のあるシステムを使うことで、新しい地域金融機関のビジネスモデルを作ることです。

拡張性のある市場の具体的な事例は、サイバー空間の市場であったり、情報を編集加工するような市場があげられます。

また取り扱う商材は、無形資産である、歴史資産、自然資産、文化資産、風土、お客様が既に持っている特徴のある商材（コンテンツ）や技術があります。

地域金融機関は、このような地域の無形資産に対して、常にアクセスできる状況にあるのです。

また地域金融機関が地域の中で持っているお客様のネットワークも拡張性のある資源です。この３つ、①「無形資産のコンテンツ情報」②「ＷＥＢツール」③「地域金融機関のネットワーク力」によって、新しい収益源を作るのです。

やる気のでる仕事のスタイルへの転換

どこの地域金融機関も、金利低下の影響をうけて融資の金利収入だけでは経営が成り立たなくなり、新たに投資信託や保険商品の販売といった収益源を得る業務を行っています。地域の中でどの金融機関も同じような商品ラインナップを揃えており、運用性商品の営業でも競争の激化を招いています。

結局、地域金融機関の職員のマンパワーに頼った営業に終始し、拡張ができない業務になってしまうのです。このことが、現場の職員がやる気をなくし、若手職員の転職が多く出る悪循環を断ち切れない大きな原因になっていると思います。

ではどのようにすれば現場の職員が前向きに仕事をして、自分たちのプライドと責任感を高めながら、高い収益を上げる仕組みが作れるのでしょうか。

それは、既存の地域金融機関が保有している資源である「拡張性のあるマーケット、ツール、資産」を使うことです。

①無形資産のコンテンツ情報
②WEBツール
③地域金融機関のネットワーク力

これらを組み合わせて新たな仕組みを構築します。そうすれば十分に収益を上げながら新しい付加価値創造活動を行うことができ、結果として前向きでクリエイティブな仕事ができるはずです。

◇本当のＤＸができない地域金融機関

ＤＸの本質はユーザー価値の提供

地域金融機関は、デジタル化、ペーパーレス化の名のもとに、今まであった紙ベースの書類を電子化しています。しかし今はまだ従来の紙で行っていた業務が電子化されているだけで、稟議決裁や企画の決裁が電子化されただけなのです。書類が電子化されたことで、業務の時間的な効率化と紙を使わないことによる経費の削減が行われているだけに過ぎません。銀行のＤＸは、銀行内部の書類のデジタル化だけで、お客様に対するサービス価値の提供をするという観点からは行われていないのが現実です。

ＩＴ専門の調査会社であるIDC Japan株式会社は、ＤＸの定義を「市場や顧客の変化に対応しつつ、組織の変革に取り組みながら適切なプラットフォームを活用して、**ユーザーの価値を提供し市場の優位性を確立すること**」としています。ユーザー価値を提供し、市場の優位性を確立すること、このフレーズが重要だと思います。ユーザーのために組織を変化させていくことが必要なのです。

ユーザーは地域のお客様と地域

地域金融機関にとってユーザーとは誰なのでしょうか。ユーザーは地域のお客様と、将来にわたって存続してもらわなければならない地域です。この地域のユーザーに対して、価値を効果的に提供する仕組みが構築できていないことに問題があります。

なぜ価値を提供できる仕組みが構築できないのでしょうか。それは組織が縦割りで、現在の複雑な社会変化に対応できない構造になっているからだと思います。地域金融機関が行う業務改革は、金融事業から派生した課題解決型のソリューション提案と、銀行の内部の情報を使った新たなデータ活用ビジネスに留まってしまっています。

それは日本のどこの金融機関も同じことです。ソリューション型のコンサルタント業務のビジネスは、専門のコンサルタントやＩＴ事業者が既に存在するため、将来的に地域金融機関が今のコンサルティング業務だけで収益を上げていけるのかは疑問です。「主要な銀行がコンサルティング業務をしているから、私たちもチャレンジしてみよう」のようなことで、ビジネスモデルとしてうまくいくのでしょうか。

地域金融機関の強みをもう一度問い直す

地域金融機関は、自社の強みを再度明確にして、その強みを新しい枠組みの中で生かしていく必要性があると思います。そして地域のユーザーであるお客様にとって、本当の価値提供を実現するためには、どのようにすれば良いのかを真剣に考える必要があります。

銀行の組織は縦割り構造で、経営陣と企画部門が考えた施策を、現場である支店や本部の営業部署の担当者に遂行させるスタイルです。既に商品が決められているジャンルに対して、現場組織全体でお客様に営業を行うのです。

この決められた商品は融資、運用性商品、M&A、コンサルタント等だけで、本当にお客様が求めているユーザー価値を実現できるのでしょうか。この複雑化した社会のニーズに対して、地域金融機関の組織は硬直的であり、地域経済が衰退する中で対応していくには、柔軟性を欠く組織体系になっていると思います。

では地域のお客様のユーザー価値に向けた本当の地域金融機関のＤＸとはどのようなものでしょうか。**それはお客様の事業価値を上げるために、地域金融機関が持っている強みや経営資源を効率良く使い、新しい付加価値をお客様と一緒に創造していくということだと思います。**

何かをしたから手数料をもらえるというゼロサムゲームではいけません。お客様と一緒に新しい企画を考え、新しい付加価値を創造して、その創造された付加価値の利益から銀行に一部分だけを継続的に還元してもらうような仕組みを作れば良いと思います。この新たな付加価値創造を企画し、お客様と一緒に遂行していくプロジェクトを地域の中で多く作るのです。

既に持っている強みの「顧客ネットワーク」と「優秀な人材」

地域金融機関の中には優秀な人材が数多くいます。この優秀な人材が、ピラミッド型の縦型組織で閉じ込められて、有効に活用されていません。優秀な地域金融機関の人材を自由に動かして、新たな付加価値創造活動に従事してもらうのです。プロジェクトの素材（コンテンツ）は、現場の支店の職員を通していくらでも拾い上げることができます。また素材（コンテンツ）同士をつなぎ合わせるためのネットワークも、既に地域の中で張り巡らされています。

◇新たなビジネスモデルへの転換の必要性

地域金融機関のネットワークを活用したプロジェクト型事業を起こす

今後地域の中で一番の問題になってくるのは、地域経済が人口減少の影響で衰退することです。地域経済が衰退すると、地域金融機関の存続基盤である地域が無くなり、結果として地域金融機関の存在も無くなります。日本全国の各地域で人口減少は必ず起きます。人口減少による地域経済の衰退を解決する方策を考えなければいけません。人口減少問題の対策として地域経済を活性化する必要性が出てくるのです。

では地域経済を活性化するとはどういうことでしょうか。

それは、地域経済を経済指標でみた場合、地域内のＧＤＰ（国内総生産）が、将来現在と同じ水準を維持しているか、もしくは現在よりも増加している状態を作ることだと思います。

地域で働いている人の立場からみた場合は、地域にいる人たちのそれぞれの収入が上がったり、地域の人たちの生活が潤っているという状態を作っていかなければならないのです。しかし、何も手を打たないと生産年齢人口の減少により地域経済は衰退していくのです。

地域経済が人口減少により落込むことが明らかな中で、現在は有効な施策があるのかというと、明確な処方箋は見つかっていません。

また、地域内の個別の組織や企業レベルでは、スローガンとして人口減少問題対策への取り組み方針を表明はしているものの、具体的な施策が無かったり、仕組みとして対応がなされているものはできあがっていないのが現実です。

そうなってくると、地域経済は徐々に煮立ってくるお湯の中の蛙と同じで、気がついたら自分たちの存続基盤が無くなっていたということになってしまいます。つまり、このまま人口減少問題に対策が打てないと、地域金融機関の存続基盤が将来無くなってしまうということなのです。

新たな付加価値創造活動で地域活性化を図る

そこで地域を活性化するためには、何が必要かということを考えなければいけません。

地域の活性化に必要なことは、地域の中で新しい事業を創造していくことだと思います。今までに地域の中には無かった新しい需要を取り込むことや、今まで以上の収益を生む新しい付加価値を創造することなのです。

では今までに無かった需要を取り込むこと、新しい付加価値を創造していくというのはどういうことでしょうか。

それはまだ地域の中で眠っている資源（コンテンツ）を、地域の中だけでなく、新たに地域外や世界に知ってもらって、販売し、サービスを提供する活動だと思います。地域の中にはまだまだ、地域外や世界に広く知られていない歴史、文化、自然、風土があり、それに新たな付加価値を加えて、地域外や世界に発信していくのです。

ユニークな能力・素材（コンテンツ）を持った企業の存在

インターネットが普及するまでは、眠っている資源（コンテンツ）を地域外に発信することは難しかったのです。しかし現在では、地域の素材（コンテンツ）を新たな技術で加工して付加価値を上げたり、地域以外の新たな取引先に販売したり、新たな輸出先を見つけて海外へ販売するといった、今までできなかったような売上げをあげることができます。

事例を上げると、

①インバウンドで地域に訪れる外国人に対して、地域の自然や食文化、伝統工芸品の製作などの体験を、レンタル電動自転車に乗って回ってもらう。サイクルツーリズムと地域の素材（コンテンツ）の紹介を融合したサービスの提供。

②地域の中だけでしか食べられていなかった、北海道産のおいしい魚貝類を都会地の飲食店に直接販売したり、海外に輸出したりする。

③伝統工芸品にポップな色のデザインを施し、今までは伝統工芸品に興味の無かった人たちにも販売する。

といったことです。

ではこのような仕組み作りを誰ができるのでしょうか。今までは地域のコンサルタントや、公的機関の支援組織である専門家が個別に対応していました。しかしこのような個別対応ではとても間に合いません。新たな付加価値を創造するやり方を仕組み化する必要性があります。

地方銀行の行員が地域を活性化、プロジェクトをまとめていく

どのようにしたら新たな付加価値創造活動を仕組み化していくことができるのでしょうか。地域の付加価値創造活動をサポートするためには、地域の事業者のことを良く知って、本当に地域のために私心なく働きたいという気持ちを持った人や組織でないとできないのです。

これができるのは、地方銀行・地域金融機関で働く皆さんです。皆さんで地域の資源（コンテンツ）に新たな付加価値を加えて、地域を活性化していくのです。

新たな付加価値創造活動に人材をシフトする

地域金融機関の存続基盤である地域の中で、新たな付加価値創造活動を通して、地域経済を活性化するということは理にかなっているのです。

地域金融機関には職員が大勢います。この大勢いる職員は、今は生産性の低い仕事に従事させられているかもしれません。しかしこの生産性の低い業務から、地域

経済を活性化するための新たな付加価値創造を行うプロジェクト型業務に、人材をシフトすることができるのです。

地域活性化と収益化を両立させる

今までも地域金融機関は地域活性化活動をしていなかったわけではありません。ですが今までは個別の案件（プロジェクト）に、一点、一点対応しているだけで、金融機関の取り組みとして全社的に仕組み化しているものではありませんでした。

これを連続した仕組みとして活動していくためには何が必要なのでしょうか？地域金融機関が付加価値の創造活動を行うことに対して収益（インセンティブ）を得ることが必要なのです。

以前の銀行は、金融以外の収益でコンサルタントや顧客サポートに対して手数料をもらうことは少なかったと思います。しかし、最近ではコンサルティングを銀行の主要な収益としていこうという流れがあります。

しかしこのような新しい業務であっても、一点、一点の課題解決の対策の提供にしかなっていません。**これからは、地域活性化の活動と、銀行が継続的に収益を獲得することを両立した新たなビジネスモデルが必要なのです。**

◇地域金融機関の事業領域を変える

今までの事業領域での収益源は利息収入と手数料収入がメイン

現在の地域金融機関の事業領域は預金と貸出と決済業務、その他の付随する住宅ローン、運用性商品、コンサルティング業務からの手数料収入を得ることです。その中の**貸出領域に拡張性のあるプロジェクト業務からのサポートを加えると再定義する**ことで、銀行の収益性は伸びていくと思います。

従来の銀行は貸出を主体としたビジネスモデルでした。しかし、この貸出を主体とするだけのビジネスモデルでは限界がきています。したがって拡張性のあるストック収入として、稼げる新しい事業領域を作っていく必要があるのです。

新しい事業領域に「情報」と「ネットワーク」を加える

新しい事業領域とは何か。それは、お客様の素材（コンテンツ）と素材（コンテ

新事業領域のマトリクス

			地域金融機関の商品・サービス	
			既存	新規
			貸出・預金・決済手数料等	情報（ＷＥＢマーケティング） ×　　ネットワーク
市場	既存	・地域内情報 ・既存の取引先ネットワーク	× ・人口減少伴う資金需要の減少。	○ ・お客様同士の商材（コンテンツ）組合せによる販路拡大支援。 ・ＷＥＢマーケティングの活用による売上拡大サポート。 ・プロジェクト型業務による付加価値創造活動。
	新規（成長）	・サイバー空間 ・地域外情報 ・新規の取引ネットワーク ・インバウンド需要 ・輸出／海外取引（越境ＥＣ）	△ ・既存商品でカバーできない部分が発生。	

ンツ）を組み合わせて、新しい付加価値を創造するというビジネスモデルです。付加価値創造した収益から銀行は３％から10％程度を、お客様からプロジェクトの企画・遂行フィーとして地域金融機関に継続して支払ってもらう仕組みです。

例えば、北海道の魚貝類の加工事業者が取り扱える商材を、地域のお弁当屋さんに紹介し、その商材を使ったその地域ならではは郷土料理のお弁当を企画して、地域外から来てくれる観光客やインバウンドの外国人の方たちに提供するようなお弁当のメニュー開発企画です。

メニュー開発をしてそのお弁当が実際に売れる。このプロジェクトから生み出された付加価値による利益を銀行に一定割合で継続的に還元してもらうような仕組みです。

これはお客様と地域金融機関のどちらかが損をするというものではありません。新たに作り出した付加価値から銀行に収益の一部分を継続的にもらうというビジネスモデルです。誰かが得をして、誰かが損をするというゼロサムゲームではなく、事業が拡大するにつれて、お客様と地域金融機関の両方がそれぞれにとってプラスに働くプラスサムゲームです。

このような業務ができるようになると、本当にお客様のためを思いながら、お客様の事業を大きくして、お客様と一緒に収益を上げていくという、地域に貢献するやりがいのある仕事ができます。

当然事業が大きくなる中では、追加の運転資金や設備投資も必要になり、むやみな金利競争をせずとも銀行は適正な金利で融資ができることでしょう。お客様の側からも納得をいただいた形で、融資の利用をしてもらえるはずです。

第4章

プロジェクト型業務と取引先ネットワークから収益化する

◇ＧＡＦＡのビジネスモデルを参考にする

ＧＡＦＡが急成長した理由

地域金融機関のＤＸ化には、ＧＡＦＡのビジネスモデルが参考になります。ＧＡＦＡのビジネスモデルの特徴はどのようなものでしょうか。一地域金融機関がＧＡＦＡのビジネスモデルを真似ができるものではないと思われるかもしれません。ＧＡＦＡの売上規模は小さな国の国家予算を上回る規模で、全てを真似できるものではありません。しかしＧＡＦＡがこのような巨大な売上を確保できるのには、普遍的な仕組みがあると思います。

いろいろな仕組みの中でＧＡＦＡの4社に共通していることがあります。一つは情報を取り扱っているということです。そしてもう一つはネット空間の中でネットワーク効果を使って自分たちの事業領域を強固にしていったということです。ＧＡ

FAが台頭して20年程度しか経っていないのに、ネットワーク効果によりサイバー空間は彼らに独占されてしまったのです。

ネットワーク効果は強力

ネットワーク効果とはユーザ顧客の数が増えれば増えるほど事業価値が高まり、顧客にとって便益が増すということです。島田太郎（現東芝社長）と尾原和啓共著の『スケールフリーネットワーク　ものづくり日本だからできるDX』（出版社：日経BP 発売：2021年）の中の、「日本に残された大逆転のチャンス」で、GAFAに対抗する新たな戦略が書かれています。

この本の内容からすると、これからは**GAFAが作ってきたサイバー空間による事業領域よりも、リアルの世界の方がはるかに情報量が多い**。したがってネット社会で覇権を握ったGAFAたちも、リアルの世界の情報を取るために、リアルの社会の情報収集に力をいれてくるということです。

これからはリアルの世界が、ネットの世界を引っ張っていく。これからのネット空間の勝敗を分けるのは、リアルの世界の情報をデジタル化できた事業者であるというものです。

◇Google、Facebook のスケールフリーネットワークからのマネタイズ

スケールフリーネットワークを結ぶ「ハブ」

Google のビジネスモデルの特徴として、スケールフリーネットワークを活用している点があります。スケールフリーネットワークでのキーワードになるのが「ハブ」です。ハブというワードをよく聞くケースとして、「ハブ空港」があります。

ハブ空港というのは、世界中で空港が多くある中で、世界の各地からの路線が数多く入りこんでいる空港のことです。

大部分の空港は路線の乗入れ数は少ないのですが、ハブ空港は他の空港とは比較にならないくらい路線が入りこんでいます。ハブ空港があるおかげで、移動する人は乗り換え等がスムーズになり、目的地に早く着けます。

また、航空会社側も主要な設備投資などをハブ空港に集中的に投下することで効

率的に運用でき、お客様の利便性の向上と航空会社側のサービス向上が相乗的に起こるのです。

大多数の路線の少ない小さな空港とハブとなる大きい空港が、全体としてつながって効率的に運営されていることは、航空路線のネットワークでは、スケールフリーネットワークが構築されているといえるのです。

Google のスケールフリーネットワーク

この航空システムと同じことが Google のネットワークシステムにも当てはまります。Google の場合のハブは、WEBページで評価の高いページにあたります。このページを、消費者が検索したときに上位に表示させることに成功しているのです。

世界中のWEBのページ数は天文学的な数値になり、大半のページが評価されていないページになります。検索されたときに、評価されているページをそれらの中から上位に表示させるのです。これをページランクといいます。

これは、消費者が知りたいことを検索したときに、すぐに知りたいことを教えてくれるWEBページが上位に表示される便利な仕組みです。消費者が検索機能を頻繁に使うことで、ＷＥＢ上での検索機能の市場を独占しました。この検索システムを確立していく中で、ＷＥＢ上でのスケールフリーネットワークを構築していったのです。

Google はこの検索による ＷＥＢ 上での独占を図ってから、検索連動型広告事業を開始してマネタイズを成功させました。

Facebook のスケールフリーネットワーク

Facebook の場合は、Facebook 上で友達が多い人がハブとなることで、スケールフリーネットワークを構築していきました。リアルの世界での友達のつながりは交友が広い人でも友達の数は限定されています。

しかし Facebook 上では趣味や嗜好を切り口として、百人、千人、万人単位で友達としてつながることができます。このように友達が多い人がハブとなって評価され、ハブが結節点の大きな役割を演じてＷＥＢ 上で無限大につながりを広げることが可能となりました。ＷＥＢ上で友達のネットワークが可視化されたのです。

今まで知り合いになれなかった人たちとＷＥＢ 上でつながることができるという機能を使ってスケールフリーネットワークを構築していったのです。

FacebookもWEB上で友達ネットワークを広げたところでWEB広告を使ってマネタイズしていきました。

Google、Facebookのスケールフリーネットワークにみられるように、情報やネットワークを扱う企業にとって、スケールフリーネットワークを理解することが非常に重要であることがわかると思います。

◇スケールフリーネットワークを既に構築している地域金融機関

地域金融機関の場合のスケールフリーネットワークはどうでしょうか。実は地域金融機関は、すでにスケールフリーネットワークを構築しているのです。

どういうことかというと、地域金融機関は支店にいる担当者を通して無数のお客

スケールフリーネットワーク

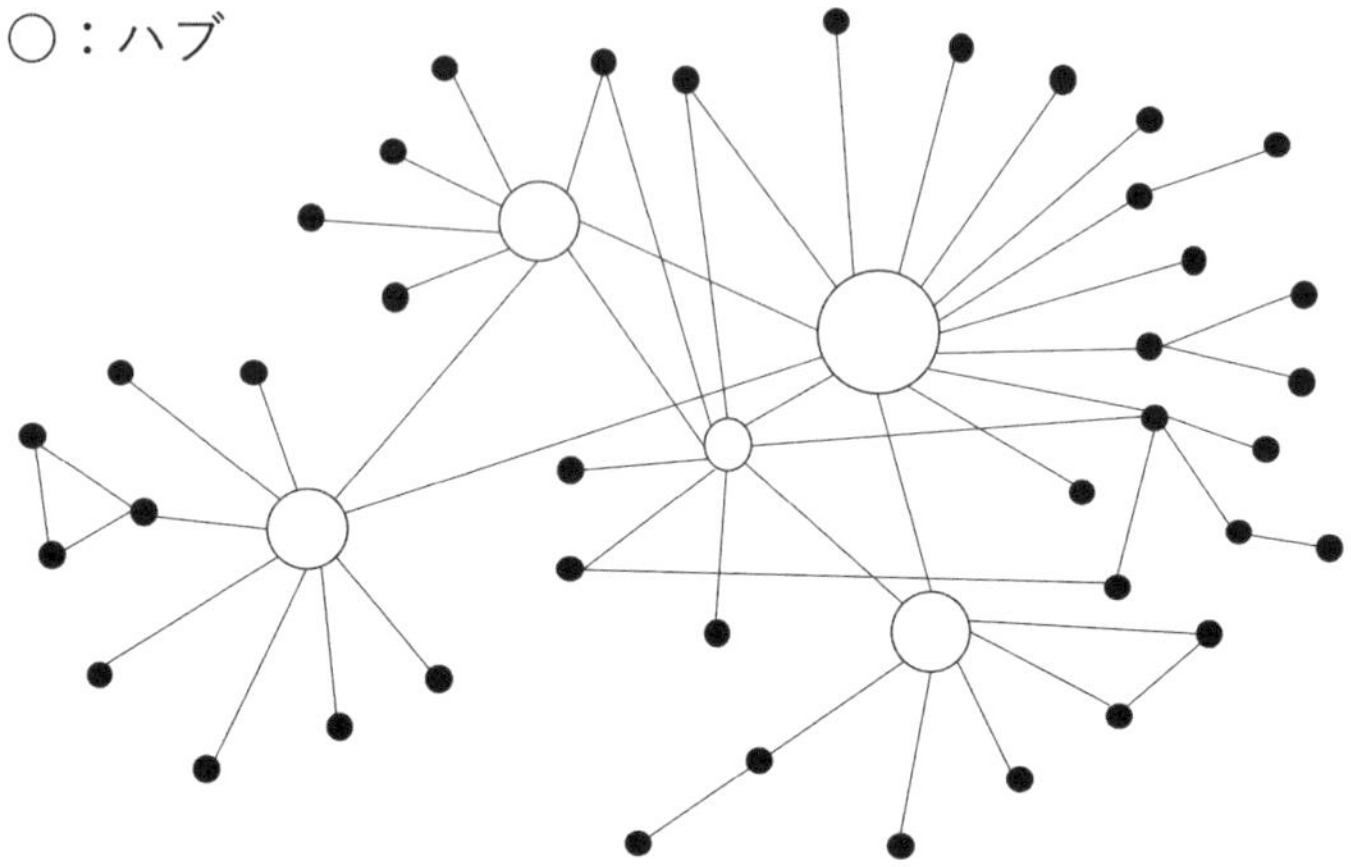

ネットワークと記号の関係性

	○	●	ー
航空システム	ハブ空港 （羽田・仁川・ドバイ等）	乗入の少ない空港	航空路線
Google	評価の高いWEBページ （リンクが貼られている）	評価の低いWEBページ （リンクが少ない）	WEB上のリンク
Facebook	友達が多いアカウント	友達が少ないアカウント	友達のつながり
地域金融機関	地域金融機関の職員	取引先	取引関係

様とつながっています。地域の中では担当者がハブの役割を演じていて、地域全体の取引先をネットワークと見たら、既にスケールフリーネットワークを構築しているのです。

支店の担当者が接している無数のお客様は、地域の中や地域の外で、取引先や知り合いとつながっています。地域のお客様同士は地域の中で無数につながっているのです。

地域金融機関の職員は、取引先のお客様を通じて地域のネットワークにつながっているということになるのです。

支店の担当を通じてつながる、リアルの情報ネットワーク

まだ地域金融機関は気づいていないと思いますが、実はこのことは地域の中のネットワーク、つまりスケールフリーネットワークが構築されているといえるのではないでしょうか。

今は地域のスケールフリーネットワークが収益化（マネタイズ）されていないので誰もが気がついていないだけで、実は既にスケールフリーネットワークは構築されているのです。

プロジェクトがネットワークをつなぐ

では地域のネットワークからどのように収益化（マネタイズ）していけば良いのでしょうか。この収益化（マネタイズ）するために取り組むべき対策は、取引先であるお客様の素材（コンテンツ）を地域金融機関の取引先同士でつなぐ、新しい付加価値創造活動を行うプロジェクトを多く作ることです。新しい付加価値創造活動を行うプロジェクトの数を増加させて、収益化（マネタイズ）ポイントを多く作るのです。

収益化されたプロジェクトの数が増加すれば、プロジェクトを管理する方法もわかりやすくなり、プロジェクトを遂行する地域金融機関の担当者をサポートすることもしやすくなります。

収益化したプロジェクトの数が増加すると、今度は異なるお客様のプロジェクトが別のお客様のプロジェクトともつながる新たな化学反応も起きやすくなります。

プロジェクト型業務がネットワークを拡大する

収益化したプロジェクトの数が増えてくると、各プロジェクトの、物の流れや情報の流れも、簡単にわかってきて管理がしやすくなります。プロジェクト同士をつなぐネットワークの可視化もできると思います。

ネットワークの可視化ができれば、プロジェクトに関わっている担当が動きやすい環境を作り、担当者をサポートすれば良いのです。プロジェクトをスムーズに進めるための様々な便利なツールを入れて、バックオフィスの機能を充実させれば、より強固なネットワークが張り巡らされて、濃密なスケールフリーネットワークが築けると思います。

収益化されたプロジェクトがつながりとなり、張り巡らされたスケールフリーネットワークの中では、地域金融機関の職員同士が、プロジェクトの質を競い合う健全な競争心が芽生えてくると思います。プロジェクト同士を刺激しあったり、融合させたり、他のお客様へのプロジェクトに新しい知見を与えたりと、スケールフリーネットワークをより強固にする動きがでてくるはずです。

プロジェクトがイノベーションを起こす

プロジェクトの増加は、他のプロジェクトにも良い影響を与え、特定のプロジェクトでイノベーションが起こる可能性があります。突出したプロジェクトが多数出てくることが想像できます。

イノベーションが起こったプロジェクトで、特に地域にとって重要と思われるプロジェクトについては、地域金融機関や自治体から出資を受けたり、人材を派遣したりして、地域密着度の高いビジネスにしていけば、地域にとっても更に優れたビジネスになるはずです。

現代はインターネットの浸透や、シェアリングエコノミーが進んだ影響で、ビジネスが立ち上げやすくなっています。例えば、SNS等では誰とでもつながりやすくなり、便利なビジネスアプリ等が数多く出現しています。

素材（コンテンツ）の良さとアイディア次第で、簡単にビジネスが立ち上げられるようになり、新しい付加価値創造活動がしやすくなっているのです。つまり、プロジェクトが非常に立ち上げやすくなったといえるのです。

プロジェクト型業務の拡大で収益力を上げる

地域金融機関は、今までのノルマを獲得するためにする営業スタイルから抜け出し、お客様と一緒に付加価値創造活動を行うスタイルに変えていけば良いのです。

プロジェクトが多くできてくれれば、それだけお客様との信頼関係が強くなり、プロジェクトを通して担当者とお客様をつなぐ、スケールフリーネットワークはより広がっていくでしょう。

そうなると、地域での地域金融機関のブランド力も上がり、新しいプロジェクトの立ち上げに向けた動きがしやすくなる「正の循環」が起きるはずです。スケールフリーネットワークの効果が期待できるのです。

◇プロジェクト型業務の導入を進める

プロジェクト型業務という付加価値創造活動

地域金融機関の営業の仕方の問題点として、与えられた商材の中で、自分のノルマ達成のためにお客様の課題を見つけてセールスするという、限定された商材からしか営業できないスタイルがあげられます。

お客様との関係性でいうと、手数料を通してゼロサムゲームになっています。この営業スタイルでは、地域のお客様の数が収入の限界です。地域経済が衰退していく中では、ライバル地域金融機関やコンサルティングファームとの競争が激化し、地域金融機関の職員の動きが非常に非効率になります。

そこで、プロジェクト型業務の導入による付加価値創造活動での、新たな収益源の確立を提案します。

地域のお客様は既に抱えている課題もあるし、情報不足からなんとなく将来に不安を抱えて、本来なら今対処しなければならないことでも無意識にやり過ごしている課題もあるのです。

この課題に対して、いつも家族同然に付き合っている地域金融機関の職員が課題の発見だけでなく、実際に解決までのプロジェクトを企画して、一緒になって課題解決を遂行することを業務とします。

課題解決を図ったことによる付加価値創造の金額から一定の割合を、地域金融機関は、継続的にプロジェクトの企画・遂行フィーとしてもらうのです。

販路拡大はすべての中小企業の大きな課題

販路拡大は、すべての中小企業が必ず課題として持っています（P.51 図表：「事業者が認識する経営課題」参照）。そこで地域金融機関の職員が売上拡大に向けたサポートを一緒になって行うのです。この販路拡大をするためのプロジェクトの付加価値創造活動は、誰もが損をしないプラスサムゲームで、地域金融機関、お客様、販売先とも「三方良し」の仕組みになります。

プロジェクトを多く立ち上げて新たな事業領域とする

このプロジェクト業務の一つ一つでは収益額は小さいのですが、プロジェクトが10件、50件、100件と増加していけばストック収入が増加します。

例えば一つの金融機関に20人の職員が専属でプロジェクト業務に携わったとして、一人の職員が担当するプロジェクトの件数が100件まで拡大したとしましょう。そしてプロジェクト一件当たりの平均年間ストック収入が50万円だとしたら、20人×100プロジェクト×50万円で年間10億円のストック収入があるわけです。

これは中堅規模の地方銀行の運用性商品の営業収入と同じ水準です。そしてこれが軌道に乗り、このプロジェクト型業務に携わる人が20人から200人に将来増えたとしましょう。すると100億円のストック収入になるわけです。地域金融機関のビジネスモデルを変える新たな仕組みになってきます。

このプロジェクトに関わるお客様は、一緒に携わってくれた地域金融機関に対して感謝してくれるはずです。

まさに、地域金融機関のブランド力を上げながら、収益を上げられるという健全なビジネスモデルになるでしょう。このようなプロジェクト型業務による付加価値創造活動はＡＩにはできない業務なのです。

◇新しい仕組みを作るための労働環境

営業プレッシャーと仕事の目的意識の欠如

地域金融機関の職場では、35歳前後の若い人たちが、年間数十人単位で転職していきます。その原因は、やはり営業のきつさと仕事の目的感の不明確さ、それに見合わない給料の額だと思います。

地域金融機関の仕事は、一見外から見れば、きれいな仕事で給料が良く信用力の高い職業で良さそうに見えます。地域の他の事業者さんからすれば恵まれていると思います。

しかし営業の数字のプレッシャーは重いです。達成しようと思う目的が明確で、職員のモチベーションを上げるものがあれば、例え厳しい営業のプレッシャーがあっても人間は懸命に働けると思うのですが、今の職場ではやることが多すぎて、自分自身が何のために働いているかがわからなくなるのです。そして中には地域金融機関の将来を悲観して辞めていく人がいるのだと思います。

また、若い人たちの辞めた後、欠員の補充もなく、支店で残されたスタッフは辞めた職員がしていた仕事を補いながら、支店を運営する必要性があります。すると残されたスタッフの業務量が増えて疲弊するという悪循環に陥ってしまいます。

プロジェクト型業務でやりがいのある仕事を創る

ではどのような職場であればやりがいを持てるのでしょうか。それは、**仕事の内容をＤＸ化により再編して、しなければならないことと、しないことを決めることだと思います。**そうしながら、今までよりも収益を上げていく仕組みを作ることが必要なのです。

働き方の理想は、

①生産性が高い仕事

②給料が高い仕事
③お客様から感謝される仕事
④自分の意思や意見が反映される自由度の高い仕事

このような状況があれば、非常に働きやすい理想的な職場になるでしょう。

この要素を同時に達成して持続できるように職場全体をマネジメントすることが必要です。若い職員たちのモチベーションを高めるためには、この4要素を同時に満たす業務を作っていく必要性があるのです。


この中で特に大事なのは、①の「生産性が高い仕事」だと思います。

生産性を高めるためには、労働力、働く量に比例して収益が上がる仕組みではなく、自動的に収入があがる生産性の高い仕組みを作ることが必要です。

その仕組み化をするのに役立つのが、**プロジェクト型業務から収益を上げるやり方**です。プロジェクト業務からのストック収益に従来の金利収入を加えることで、非常に生産性が高くなり、業務が楽になるでしょう。


職員は、プロジェクトへのアイディア出しと、企画を考えて遂行する、プロジェクトマネージャーとして業務をするのです。お客様のためになる付加価値創造を行う業務を中心に据えることで、お客様からも感謝され、収益力も高いビジネスモデルができます。

一人の担当者が、複数のプロジェクトに関わる業務体制を作る

プロジェクト型業務のスタイルを組織に浸透させるのに良い方法は、新しい仕組みを既存の仕組みの外に作ってしまうことです。

何をするかというと、お客様の素材（コンテンツ）と素材（コンテンツ）をつなぎ合わせて、新しい付加価値創造の企画遂行ばかりするプロジェクトマネージャーの集団チームを作ります。そのチームを既存の組織とは別に作るのです。

このチームの担当者は地域金融機関の取引先とプロジェクトを企画し、銀行とは直接お取引のない地域のお客様、例えば自治体や地域おこし協力隊の方たちと、一緒に地域の中にある素材（コンテンツ）を、地域金融機関のネットワークを使ってつなぎ合わせ、新しい付加価値を無尽蔵に作る専門チームを作るのです。

既に銀行は、地域の中に多くのネットワークを持っています。様々な業種業態の取引先を持っており、担当者の発想次第で無限大の組み合わせができます。この組み合わせた企画を担当者がプロジェクトとして複数携わり、お客様と一緒にプロジェクトを進め、付加価値を創造していく仕組みを銀行の中に作るのです。

担当のプロジェクトマネージャーは誰がなるのかというと、既に地域金融機関の中に多くの優秀な職員がいるので、彼らが充分に力を発揮できると思います。組み合わせの元となる素材（コンテンツ）は、地域金融機関の取引先の中で既に多くあります。後は素材（コンテンツ）を組み合わせて、お客様と付加価値創造プロジェクトの数を増やしていくだけで、既存の組織は激変するはずです。付加価値創造のプロジェクト企画チームを作るのです。

銀行の機能を分解して新たに組み直す

プロジェクト型業務はこれからますます重要になってくるはずです。金融機関の本当のDX化を進めるためには、銀行内部のデジタル化レベルでとどまっている仕組みを、各職員が思考レベルまで落とし込む必要性があります。

銀行の中にあるいろいろな機能を一度分解して、それをお客様のニーズに合わせて効率的に組み替えて、課題を発見していくためにデジタル技術を使っていく必要性があります。最初にお客様の課題を見つけるところの仕組み作りをしていくことが重要なのです。

優秀な職員の能力を最大限に活かす

地域金融機関の職員は、良い意味で真面目で、指示を受けたらわき目もふらずに、目的のために一生懸命働く傾向があります。しかし時間が許せば過剰なまでにいろんなことをしてしまうのです。その過剰感は本質的に意味を持たない見栄え重視の資料を作ったりします。無駄な作業が多すぎるのです。

一番もったいないのは、優秀な職員がやることを限定されて、本来やるべき創造的な仕事ができていないということです。優秀な職員は何をやってもうまくできます。雑用もてきぱきするし、営業もバリバリできるのです。しかしそのやっていることが本質的な意味をなさないのでは非常にもったいないことなのです。

プロジェクト型業務で、本当に価値のある仕事に優秀な職員のパワーを集中させて、複数のプロジェクトをどんどん専属で回させていく仕組みを作れば、新しい流れができるのではないでしょうか。プロジェクトの件数が増加していけば、チームをグループに、グループを部署に、部署を法人にと組織を大きくしていけば良いのです。

◇地域の中で地域活性化活動が活発化しない理由と対処策

自治体も地域活性化が難しい

現在は政府も地方行政も全国各地で地域活性化と銘打って、いろいろな活動をしています。しかし、うまく回っていないのではないかと思います。

行政機関もやりたいことはわかっていても、彼らが中心になって動くには、人的活動範囲の問題や、実際に活動しても、地域の人たちの協力を得てプロジェクトにまでしていくのが難しいのです。

課題は、地域の人たち全員がわかっているのに、各組織の壁が立ちはだかり活動ができていないというもったいない状態です。

ではどのようにすればこの地域課題に対して対処していけるのでしょうか。その答えこそが地域金融機関が行うプロジェクト型業務での付加価値創造活動です。

地域金融機関の職員が、行政の担当者と協力して企画を行い、地域の事業者を巻き込んでプロジェクト型の業務として、地域の課題を解決するための事業を立ち上げていくのです。そうすることで、地域の人的資源を使いながら、効率的にプロジェクトが回せるのではないかと思います。

◇人口減少問題に有効な地域活性化活動

地方の課題を地域金融機関が解決する

人口減少問題で一番大きな課題は、生産年齢人口の減少により地域経済が縮小していくことではないかと思います。地域経済の衰退が進む中で、若い人たちが安心して結婚し、子供を産みたいと思うかというと、どうでしょうか。実際には不安を抱いて躊躇しているのではないかと思います。地域の中にいて、楽しかったり、安心して働けたりと、将来に希望を持てる環境でないと、若い人たちも消極的にならざるを得ないでしょう。

つまり、地域を活性化して地域を盛り上げることが重要なのです。地域活性化活動をするためには、地域の人たちが組織の壁を越えて自由につながり、新しい付加価値創造を活発に行える仕組みを地域の中に作りあげなければなりません。

　地域の人たちがつながって、新しい付加価値創造活動をしようと思うときにでてくる問題が、会社や組織の壁だと思います。これを地域金融機関がプロジェクト型業務で地域のいろいろな人たちとつながりながら、プロジェクトを立ち上げるのです。

　地域金融機関は、地域の中で多くのプロジェクトを起こし、職員は業務として、プロジェクトマネージャーという立場になり、収益を上げていくのです。

　数多くの良いプロジェクトを立ち上げていく仕組みを作り、そこに携わる地域の人たちが多くなれば多くなるほど、地域の活性度が上がっていきます。その中心にいるのが、プロジェクトマネージャーとしての地域金融機関の職員たちというのが非常によいと思います。

◇プロジェクト型業務から収益化（マネタイズ）する方法

付加価値創造したものから継続的に収益をもらう

プロジェクト型業務を推進していく上で重要なことは、活動を遂行するためのインセンティブです。新しい付加価値創造活動を行うプロジェクトを遂行しながら、プロジェクトから創造される付加価値の一部を手数料として継続的に地域金融機関に落としてもらう必要があります。

収益化ポイント（マネタイズポイント）を作らなければなりません。ではマネタイズポイントはプロジェクトを運営するときにどのように作れば良いのでしょうか？　プロジェクト業務からストックとして収益化（マネタイズ）する方法は主に3つあります。

プロジェクト型業務イメージ図

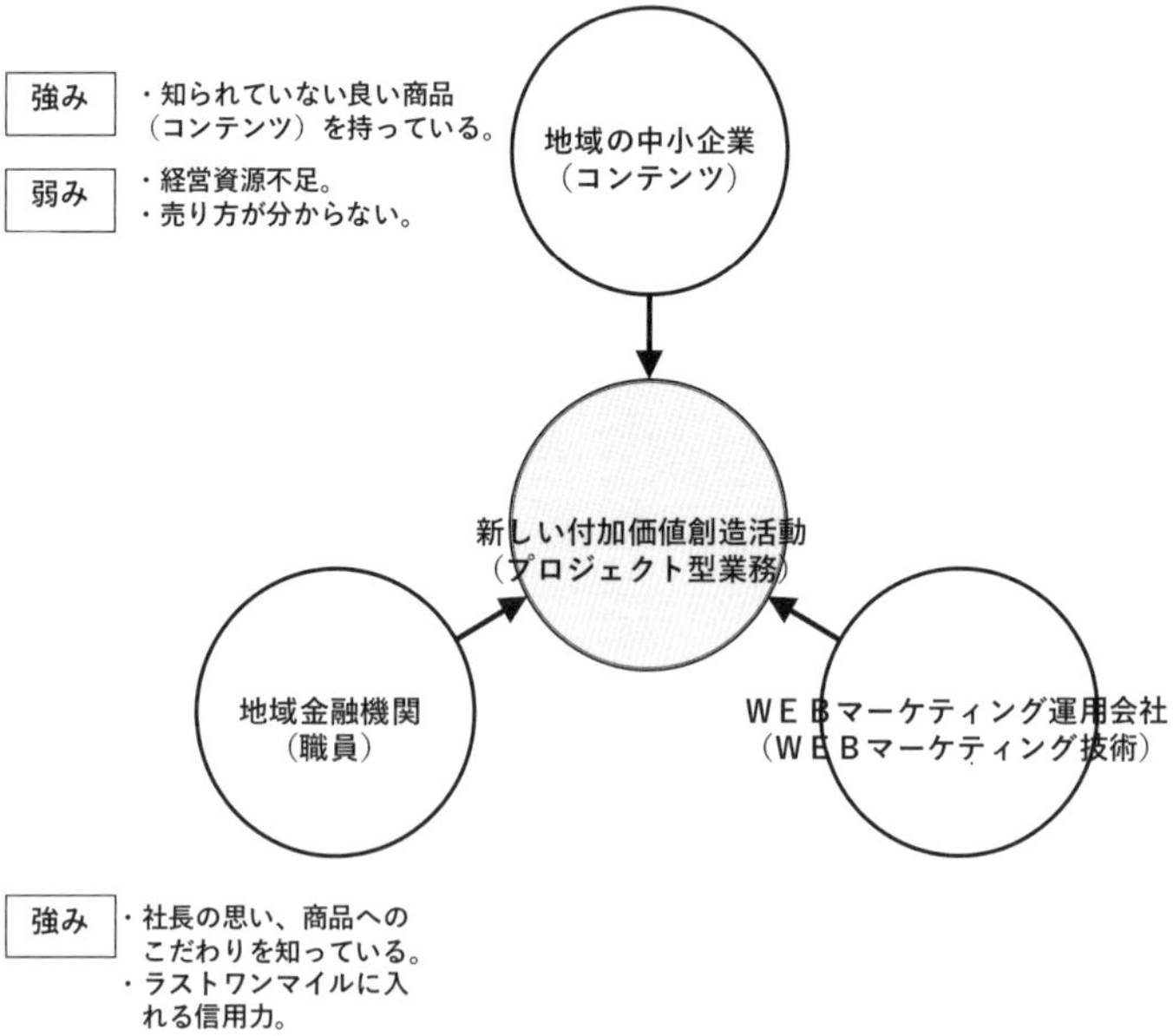

①販売先をつなげて売上に応じて手数料をもらう

一つ目は、お客様の商材の売り先として、地域金融機関の取引先の中から販売先を紹介して、その販売先に販売した金額の数％から10％程度を銀行に継続的に手数料として落としてもらう方法です。地域金融機関が自社の取引先ネットワークの中で、該当商品を買ってくれそうな取引先を見つけて、商談のサポートをします。

つまり、売り先を地域金融機関が取り次ぎ、紹介して取引先同士の商売を仲介する中で、売上の実績ベースで継続的に地域金融機関に収益が落ちるようにするのです。

ただ取引先を紹介するだけでなく、お互いの取引が拡大するように取引先相互にメリットがあるような新たな販売方法のアドバイスや企画を行い、お互いの商売が拡大するようにサポートするのです。

②WEB広告の運用手数料としてもらう

二つ目は、物を売り、サービスを提供するときにWEB広告を利用する場合です。集客するときにWEB広告を使うのです。WEBでの広告配信をした場合、サポートしてくれるWEB業者より、広告運用費の一部を地域金融機関に支払ってもらえるようにします。

WEB広告はシステム化されていて、WEB広告の対象商品やサービスが継続的に売れていけばWEB広告も継続されるので、ストック収入として地域金融機関に収益を落とせる仕組みが作れるのです。

地域の中小企業はWEB広告運用の知識が少なかったり、どこのWEB業者に相談して良いかわからない会社が大半です。取引先の会社のことを良く知っている地域金融機関の職員が、信頼できるWEB運営事業者との間に入り、WEBでの集客戦略をサポートすることが有効なのです。

③コンサルティング料としてもらう

三つ目はプロジェクトの企画・遂行を行うこと自体で、コンサルティング料としてフィーをもらうパターンです。

しかしプロジェクトの最初にコンサルティング料としてもらう場合は、実際にまだものやサービスが売れていなくても、取引先は銀行にフィーを支払わなければならないので、お客様の支払いに対するハードルは上がります。したがってこの方法は、プロジェクトを開始するにあたってのスピード感に欠ける課題があります。

プロジェクトがある程度大きくなってきて、お客様との間でプロジェクトの事業が拡大する想定が立ってくれば、コンサルティング料としてもらいやすいかもしれません。

売上に応じてもらう手数料が中小企業にはやさしい

ここでプロジェクト型業務としての案件を増加させるためには、取り組みやすさが重要です。やはり新しい付加価値が創られたプロジェクトから、一定割合で地域金融機関に収益を落としてもらう仕組みが、お客様にとっては負担感が小さいと思います。販売額（創造された付加価値）に応じた手数料の支払いが、お客様から見たときにはありがたいはずです。

また地域金融機関は最終的にはプロジェクトが拡大していく中で、増加運転資金や、追加設備投資といった資金需要が出てくるので、プロジェクトが稼働すればするほど、最終的には融資という形で、利息収入というストック収入が入ってくるのです。

◇お客様・地域金融機関・地域、三者の利益になる

地域金融機関の新しい収益を稼ぐスタイル

プロジェクト型業務は、お客様・地域金融機関・地域、三者の利益につながります。良いプロジェクトが軌道にのれば、新たに付加価値が地域の中で創造されていきます。

新しく付加価値が生まれることで、お客様は当然喜びますし、またお客様はこのプロジェクトに関わってくれた地域金融機関に対して、創造した付加価値の一部を快く手数料として支払ってくれるのではないでしょうか。

そして地域にとっては、今までに発生していなかった付加価値が地域の中で創造され、新たな経済価値が生まれます。地域にとっても良いわけです。

このプロジェクトをまとめているのが、地域金融機関の職員になるので、プロジェクトを通じた地域とのネットワークと信頼関係という無形の資産が構築されていくのです。

◇付加価値創造活動をするための７つの切り口

付加価値創造活動を行うための具体的な切り口には、どのようなものがあるのでしょうか。ここで７つの切り口の事例をあげます。

①商材の新たな価値を見つける

例えば伝統的な産業で「畳べり」があります。畳べりは畳の縁を保護する目的で使用されているものですが、とてもカラフルで綺麗なデザインです。住宅の洋風化とともに畳の需要が減り、畳べりの本来の需要は少なくなりました。

しかしそこで、こんなアイデアが浮かびました。畳べりのデザイン性を活かして、畳べりを使った斬新なトートバッグを作ったり、財布を作ったりすることです。

デザイン性に優れた畳べりはバックや財布にすると非常におしゃれで、畳の産地周辺では新たな産業に発展している地域が日本各地にあります。

このように従来とは違う発想で、ものの機能は変えずに違う使い方をすることで異なるジャンルの商材に転換し、新たな付加価値を作ることができるのです。

②商材の新たな販売先を見つける

以前は生産された地域の中だけで消費される商材が大半でした。地域の中で長年愛され利用されている商材やサービスは、地域外に出ても当然消費者にとって価値があります。

従来はＳＮＳがなかったり、ネット通販がなかったりで、地域以外の人は地域のものを買ったりすることは簡単にはできませんでした。まず知ることができなかったのです。しかしＳＮＳが発達したおかげで、日本中の人々、世界中の人々が、ＷＥＢを通じて地域の特定の商品やサービスを知ることができるようになりました。

自社のＥＣサイトを構築し、ＥＣサイトのサービスを提供しているシステム会社の仕組みを使うことで、低料金でスピード感を持って自社のＥＣサイトを運用できるようになっているのです。

インスタグラム等のＳＮＳと連動した通販機能もあります。自社のＥＣサイトの仕組みを構築すれば、今まで出会えなかった、他の地域のお客様にも出会うことができます。

日本国内だけでなく世界までにも販売することが、今はできるのです。このＥＣサイトを使った地域外への販売の仕組みの構築のサポートを、ＷＥＢ業者と一緒になって行います。

リアルの世界でも、まだ商材の存在を知らないだけで、潜在的に特定の商材を買いたいというニーズは、地域以外の取引先にもあるはずです。地域金融機関の取引先の中で、特定の商材を買いたいと思ってくれる取引先を新たに紹介することで、そこが新たな販売先となり、商売が成立すれば、新たな付加価値創造活動を行っていることになります。

③商材と商材を組み合わせて新たな価値を作る

お客様ごとの商品やサービス単体では価値が限定されていますが、複数の商材やサービスを組み合わせることで新たな価値を生む可能性があります。

例えば地域の中でおいしい有機野菜を作る農家さんがあったとします。

その農家さんは従来、都会地の高級なスーパーや、野菜の卸売り業者さんに、自社の農産物を販売していました。地域の中ではそれほど農家さんの野菜は流通していないような場合です。その流通していないおいしい野菜を、地域の中で有名なレストランに紹介し、その農家さんのおいしい有機野菜を使った新しいメニューを、レストランのシェフと企画開発して地域の消費者に食べてもらうような仕組みを提案することができます。

農家さんの野菜を使った料理がメニューにできたら、メニュー化できた商品を冷凍商材にして、レストランでの小売やネットでの通信販売を行い、地域外や世界にも販売するような商材にしていく試みもできるでしょう。農産物として地域外に出荷するだけでなく、地域の中の有名なレストランと組むことで、新たな切り口を見つけて付加価値を創造する活動が可能です。

④外国人観光客への提供を考える

和食が2013年にユネスコの無形文化遺産に登録されて以降、日本に来る外国人が急激に増えています。京都・奈良・東京・大阪と有名な観光地や都会に限らず、地方の中核都市にも大勢の外国人が観光客として来日しています。

また最近の円安の影響もあって、より外国人が日本に来る数は伸びていくと思われます。2013年に外国人の訪日数は1036万人であったのが、コロナ前の

2019年は3188万人。政府は2024年の予想では3500万人の外国人観光客の訪日を予想しています。

訪日外国人の消費額は2023年では約5兆円です。日本政府は2030年に、訪日外国人旅行者数を6000万人、訪日外国人の消費額を15兆円にすることを目標にしています。消費額では2023年比で3倍にまで増加させようとしているのです。現在でも外国人の消費行動は各地域の経済を潤しています。それがこれから数年後には3倍にも増える見込みなのです。

外国人は有名な観光地ばかりではなく、地方の伝統文化、歴史、自然、食にも非常に興味を持っており、これから地方にも外国人観光客の増加が予想されます。

このインバウンド需要に対して、自分たちの地域に来てもらうための宣伝や、来てもらったときに喜んでもらうためのサービスを考えて、地域でのインバウンド需要をうまく取り込んでいくことが新たな付加価値創造をする上で重要になってきます。

⑤海外向けECサイトで外国人に通信販売する

インバウンドの外国人観光客にお土産で買ってもらった商品を、再度越境ECで購入してもらう仕組みを作ります。なぜなら外国人観光客は、必ず自国の家族や友人に日本のお土産を買って帰るはずです。

外国人観光客に買ってもらうお土産にも、地域の特色を生かした商材を作るとともに、帰国した後でもそのお土産をもらった自国の人が、海外から再度、Amazon等のＥＣサイトや、外国からの注文に対応した自社ＥＣサイトから購入できる仕組みが、最近は簡単に構築できるのです。

日本の商品は非常にクオリティーが高いし、食べ物はとてもおいしいです。日本のお土産をもらった外国の人たちが、そのお土産の商品を評価してくれて、ＥＣサイトで海外から注文が取れる仕組みを作っておけば、その地域のファンを世界中に持つことになり、世界の需要を取り込むことが可能となります。

例えば、お土産の商品の中に外国から注文ができる自社ＥＣサイトのＱＲコードを印刷したカードを入れておきます。外国のお客様がそのＱＲコードをスマートフォンにかざせば、海外からの注文に対応するＥＣサイトに誘導され、越境ＥＣで物が買えるようになります。

⑥ＳＮＳを使って海外から注文をとる

現在はネット環境が世界的に広がっているので、ＳＮＳを通して日本国内だけでなく、海外からも日本にいながら受注することができます。特に日本の文化性を持つデザインや伝統的な商材は、海外にはない唯一無二の存在で、外国の方はそういった商品を好んで買う傾向にあります。

日本の伝統的な柄を刺繍したスカジャンで一着数十万円もするような商品に、海外から注文がどんどん入ってくるのです。日本の伝統的なデザインは洗練されていて、世界的に認められているものが多くあるので、インスタグラム等でビジュアルの良さを宣伝し、これを海外で見た外国人から注文を受けられる仕組みを作れば、簡単に海外からの注文をとることができます。

⑦輸出を試みる

日本の中にはおいしい食べ物や飲み物が多くあります。その商材のうち日本の国内だけでしか消費されていないものもたくさんあります。これらを世界の富裕層に向け、新たな販売先を見つけたり、商社や世界の代理店につなぐことで海外に輸出していくのです。

例えば日本の苺は世界的に高く評価されています。日本の中では一パック500円から1000円前後で売られていますが、海外へ向けて綺麗な包装を行い、価値を認めてくれる富裕層向けに販売します。中東では、日本のおいしい苺は数万円で売られていることがあるそうです。このようにして日本のおいしい商材を世界に輸出していくのです。

第5章

地域金融を復活させるWEBマーケティング

◇WEBマーケティングが地域の活性化を促す

情報発信に有効なWEBマーケティング

地域活性化をするためには、地域の中で眠っている資源（コンテンツ）を世の中に出して、新しい付加価値創造活動をすることです。また、付加価値創造活動プロジェクトを軌道に乗せるためには、プロジェクトから継続して売上があがるように仕組み化する必要があります。

この付加価値創造活動を進める上で役立つ技術が、WEBマーケティングなのです。

プロジェクトを進める際には、自社が売りたい商材やサービスを、お客様や、これからお客様になってくれるであろう人たちに認知してもらい、より知ってもらわなければいけません。

良い製品を作っただけでは、誰も買ってくれません。自社の商品やサービスを認知してもらうために役立つのが、WEBマーケティングの技術なのです。

WEBマーケティング技術が販路拡大に役立つ

SNSのWEBマーケティング技術は、地域の中小企業が自分たちの商品やサービスを販売したいときに役立ちます。自分たちの会社や個人の事業を、SNS広告や、Google、Yahoo のリスティング広告を通して、知って欲しいお客様に対し直接アプローチができます。

なぜそのようなことができるのかというと、スマートフォンに登録されている個人のパーソナル情報と、普段利用しているSNSの閲覧状況や検索情報により、利用者の属性が分析されているのです。

ここでSNS広告やリスティング広告を利用して、ピンポイントで見込み客にWEB広告を配信して、自社が買って欲しいお客様に、直接訴えかける仕組みが簡単にできるのです。

WEBマーケティング技術は一度集客する仕組みを構築してしまえば、後はシステムまかせなので運用が楽です。四六時中自分たちのことを知って欲しい潜在的なお客様に対して、自動的に情報発信し続けることができます。また、お客様の方からは「検索」という活動を通して、自社のサイトやＳＮＳに、アクセスを誘導することができるのです。つまり、24時間人件費のかからない優秀な営業マンがＷＥＢ上に存在しているのと同じことといえます。自社にこだわりを持った技術や特徴があるのであれば、なおさら発信がしやすい便利な仕組みができるのです。

　また Google、Instagram、Meta(Facebook)、Ｘ（旧 Twitter)、TikTok 等のテック企業は、消費者に自社のシステムを使って欲しいために、日々使い勝手を良くするための便利な機能をアップしています。このバージョンアップした機能を地域の中小企業にタイムリーに教えてあげて、一緒になって新しいＷＥＢマーケティング技術を活用することは、お客様の側からは非常にありがたいことだと思います。このＷＥＢマーケティング技術を使って、お客様と一緒に販売拡大プロジェクト業務を行うのです。

◇ＷＥＢマーケティングで大切な自社の強みとターゲティング

自分たちの強みを、届けたい人に直接届けられる便利なツール

ＷＥＢマーケティングで重要なことは、自社の強みを明確にすることと、誰に販売していくかを決めるターゲティングです。これは会社の強みの言語化とターゲットとなる顧客の明確化をすることです。

自社が発信したい強み、ブランド価値を明確にしていくことが非常に重要といえます。「良いものを作った」「品揃えが豊富である」といったことは、ＷＥＢ上では認識されにくいのです。自社の強みを言語化してＷＥＢ上で発信していく必要があります。

ＷＥＢマーケティングの手法で、この言語化された強みをターゲットとなる潜在顧客に配信していくことが可能です。ターゲット顧客を明確化して、ＳＮＳを利用する顧客に直接広告を配信していきます。

ＳＮＳ広告やGoogle、Yahooのリスティング広告は、ＷＥＢを利用しているお

客様の属性（年齢、性別、住所、趣味嗜好等）を認識して、ダイレクトに顧客に発信できるのです。つまり個々の潜在的な顧客に対して、ダイレクトに広告を打つことができます。よってお客様の明確化が大切になってくるのです。

例えば、北海道のおいしい魚を東京のレストランのシェフにSNSを通じて発信したいとします。すると東京のレストランのシェフがどのような特性を持っているか考えます。これをペルソナの設定といいます。

例えば、東京都港区赤坂にあるフレンチレストランで客単価3万円のレストランのシェフが、メニューの魚のムニエルを作るときに使うヒラメを買いたいと想定します。

その料理人は年齢でいうと35歳から45歳の男性で、スマートフォンを見る時間帯は朝、多くは市場の仕入れが終わって一段落する午前10時くらいからInstagramを見だすのではないか、と仮説を立てるわけです。

そこに自分たちの特徴を掲載したInstagram広告を打つのです。

◇中小企業は強みの言語化とターゲット顧客の明確化が難しい

自社の強みの整理と、ターゲット顧客の設定

ＷＥＢマーケティングを運用する上では、自社の強みの洗い出しと、ターゲットとなるお客様の明確化が必要になります。しかし、中小企業の経営者にとっては強みの言語化と、ターゲット顧客の明確化が難しいように見えます。

中小企業の経営者は、動物的な勘で経営をしている方がかなりいます。自社の強みを感覚的に理解して会社経営をされており、この感覚は非常にすごいもので、一般の人が簡単に真似できるものではありません。

しかし、これまでは地域の中だけで勝負していたので、勘に頼った経営でも十分対応できたのですが、人口が減少し地域経済の衰退が予想されるこれからの世の中では、この方法ではジリ貧になる可能性があります。

相談相手が分からない地域の中小企業

ＷＥＢマーケティングでは、自社の強みを言語化することが必要なのですが、中小企業の経営者の方の中には、自社の強みを言語化するのが苦手な方がいらっしゃいます。

ここにＷＥＢマーケティングの運営会社と中小企業の経営者がミスマッチを起こす大きな原因があるのです。

中小企業の経営者の想いや製品の特徴を、うまくＷＥＢ業者に伝えることが難しいのです。

お客様の強みを誰よりも知る地域金融機関の職員がサポートする

そこで普段から中小企業の経営者に接している地域金融機関の職員が、経営者の想いを伝える仲介役となってサポートすることが重要です。

地域金融機関の職員が、社長の想いや製品の特徴、その製品を誰に売りたいかということを社長と一緒に考えて、それをＷＥＢ業者に伝えて、一緒になって販売拡大プロジェクトを作っていくのです。

◇ＷＥＢマーケティングを使った集客の仕方

ＳＮＳ集客やＳＮＳのターゲティング広告、GoogleやYahooのリスティング広告やターゲティング広告の組み立て方について説明します。

◆商材の強みを社長といっしょに考える

企業側が自社の強みをわかっている場合は良いのですが、多くの中小企業の社長は、自社の強みをなんとなく感覚的に理解しているか、もしくは理解していない場合が大多数です。

そのため地域金融機関の職員は、お客様の強みを明確にすることをサポートする必要があります。しかし簡単に強みを理解できるわけではありません。私の経験上では、地域金融機関の中にある取引資料をきちんと読み込みして、実際にお客様と2時間から3時間程度のブレストミーティングを2回から3回ぐらいして、ようやくお客様との間で強みの明確化ができます。

◆誰が商材を買ってくれるのか考える

ＳＮＳでの集客やＳＮＳのターゲティング広告、Google・Yahoo のリスティング広告の広告配信をするときにはターゲットの設定をする必要があります。

ＳＮＳ集客では検索されやすくするためのハッシュタグのキーワード設定をする作業も必要になります。商品やサービスを買ってもらいたい人に、直接ＷＥＢ広告を届けるためにターゲットの設定が必要なのです。ターゲットとなる人の年齢層、性別、属性、集客をしたいエリアの範囲を設定します。

◆費用対効果を検討する

①ＷＥＢ広告を配信した後のお客様のリアクションをどのように確認するかを決めます。そしてＷＥＢサイト上からの電話連絡、メールでの問合せ、ＷＥＢからのパンフレットのダウンロード等、ＷＥＢ広告を実施したときの集客の目的をどうするのかも決めます。

②ＷＥＢ広告の一カ月あたりの広告予算を設定します。

③ＳＮＳ集客であれば「いいね」や「シェア」をどのくらい獲得していきたいの

かを決めます。

④ＷＥＢマーケティングの実施効果を分析する上で、分析ができる環境設定を行います。Googleアナリティクスでお客様が電話連絡してくれた場合等のコンバージョンタグの設定や、分析ができる環境設定を行います。

⑤実際にＷＥＢマーケティング運用を開始した後、一カ月ぐらいの間隔で実施した広告配信の運用状況の解析・改善のためミーティングを行います。ＷＥＢ広告開始以降の現場でのリアルの集客状況と、ＷＥＢマーケティングから上がってくるデータを突き合わせて、より精度の高いＷＥＢ広告運用、ＳＮＳでの集客の仕組みを作っていきます。

ＷＥＢマーケティングが成立するための条件

①②の作業は、地域金融機関の職員で十分対応可能です。③④⑤の作業は、専門的な領域もあるので、ＷＥＢマーケティング運用会社の方にサポートしてもらって、お客様と地域金融機関の職員、ＷＥＢマーケティングの運営会社の担当者が三者でチームを組んで、ＷＥＢマーケティングでの効率的な広告運用をしていくのが良いでしょう。

ＷＥＢマーケティングで広告運用していくときに大切なのが、かけた広告費に対して売上（粗利益）がどれくらい獲得できたか、費用対効果をきちんと分析することです。５万円の広告費をかけて３万円の売上げしか獲得できないのであれば、当然仕組みとして成立していません。

ＷＥＢマーケティングで集客をするときの広告費の考え方で、ＬＴＶ（Life Time Value：顧客生涯価値）という指標があります。新規に契約してくれたお客様が平均でどれくらいリピートして自社の商品を買ってくれるかということです。

例えばお客様一人のＷＥＢ広告の獲得コストが３万円だったとして、一回当たりの購入単価が１万円、そのお客様が継続して10回以上買ってくれる場合は、そのお客様のＬＴＶは10万円になり、この場合は採算が合っているという考え方です。

ここで大切なのはデジタルで集客する方法をとってはいるのですが、実際の現場でのお客様の声や動き、客導線、お客様の意向等、現場の状況をヒアリングしていくことが大切になります。

生のお客様の声や動きの中に、ＷＥＢマーケティングで生かせるアイデアや改善できるポイントがあるからです。このリアルに現場の声を聞くということは、普段からお客様に接している地域金融機関の職員ができる重要な役割です。つまり、社長や従業員、お客様の生の声や動きをスムーズに拾えるという貴重な存在になるのです。

◇お客様の商材を組み合わせてプロジェクトを増やす

プロジェクトの立ち上げは無尽蔵にできる

お客様の商材（コンテンツ）と他のお客様の商材（コンテンツ）を組み合わせていくことで、何パターンものプロジェクトを作ることができます。地域金融機関の職員が関わるお客様の商材（コンテンツ）は無尽蔵にあります。関わる取引先も地域の中にいくらでもあります。

・お客様の商品と商品を組み合わせて、新しい付加価値を創造する。
・お客様の商品と別のお客様の販売先を組み合わせて、新しい付加価値を創造する。
・お客様の商品を今までに置いていなかった場所に置いて販売する。

といった、「商品」×「販売先」×「売り場」この3つを組み変えるだけで何パターンものプロジェクトが作れるのです。

本当の強みを発見できていない、地域の中で眠っている商品やサービスが多くあります。この眠っている商品の強みを、地域金融機関の職員がお客様と一緒に発掘できれば、何十、何百、何千通りもの付加価値創造プロジェクトを立ち上げることができるのです。

これからの社会では、このプロジェクトを立ち上げるための企画力が問われてくる時代になるでしょう。プロジェクトの企画をできる人材をいかに多く、地域金融機関の中に作れるかが勝負です。このプロジェクトを通じて、お客様からの信頼を勝ち取ることが、これから先10年間の、地域金融機関の業績に大きく影響するはずです。

プロジェクトを作るために新しいシステムは必要ない

プロジェクトに関わっているのは、人である地域金融機関の職員なので、何も新しいシステムを入れなければいけないとか、新しい専門人材を入れなければならないということではありません。

お客様の商品やサービスについて、付加価値創造できる商材を見つけて、その強みを明確にして、その商品を持つ取引先とプロジェクトを組んで、新たな販売先を見つけていければ良いのです。

プロジェクトを数多く作るための社内体制を整備し、収益をプロジェクトからもらう、付加価値創造活動からもらうものだという考え方にシフトするだけで十分なのです。

従来の地域金融機関は、お客様の事業に対してサポートはしていました。しかし、そのサポートは無償で提供されるものか、お客様の課題に対して課題解決のできる取引先を紹介して、紹介した取引先から紹介料をもらうという程度にとどまっていました。

従来の形ではなくて、プロジェクトをお客様と一緒に起こしてプロジェクトで創造された付加価値から銀行の収益をもらうという発想に変えるだけで、仕事の仕方は変わるのです。

そうなると、プロジェクトを企画する職員は、新しい付加価値を創造するための企画ばかりを考えるようになってくると思います。そして年数が経つにつれて、組織の中にお客様とのプロジェクトが無数に立ち上がるわけです。この無数に立ち上がったプロジェクトを、ＤＸ化し情報管理して効率的に運営していけば、プロジェクト間での新しい組み合わせで、イノベーションを起こす仕組みが作れると考えています。

◇プロジェクト型業務を進める上で必要になってくるＷＥＢマーケティング技術

お客様の強みをお客様より知る銀行員がサポートする

プロジェクト業務を進める上で必要なのがＷＥＢマーケティングの技術です。プロジェクト型業務を遂行する上で大きな課題が、商品やサービスをいかに買って欲しい、使って欲しいお客様に知ってもらうかということです。

このときに役立つのがＷＥＢマーケティングのツールになります。ホームページを作ったというところでとどまっているお客様も多くいるのではないでしょうか。ホームページを作っただけでは、消費者や買って欲しいお客様には情報は届きません。

買って欲しいお客様に知ってもらうことで初めて効果が出るのです。では知ってもらうためのＷＥＢマーケティング技術にはどのようなものがあるのでしょうか？

つながりが価値を生むＳＮＳ

皆さんが身近で利用しているＳＮＳは、Instagram や YouTube、Ｘ（旧 Twitter)、Facebook、TikTok ではないでしょうか。

ＳＮＳは「シェア」や「フォロー」、「いいね」を通じて、趣味や嗜好が同じような人がＷＥＢ上でつながっています。従来の社会では、直接知り合いにならなければつながらなかった人々がつながり、今はＳＮＳで日本国内はもちろん、世界にまでネットワークを広げることができます。このＳＮＳでつながっているＷＥＢ上のネットワークを、自社のＳＮＳでも作って、自社の商品やサービスをお客様にアピールしていくのです。

自社のＳＮＳのフォロワー数が少なくても、自社の商品と相性の良いネットワークを持った人がフォローしてくれることで、自社の商品サービスを知ってもらえる可能性が無限大に広がるのです。

当然なんとなくSNSの投稿をするだけではネットワークを広げることはできないのですが、自分たちの商品の強みをきちんと分析して、知って欲しい・買って欲しい・使って欲しいお客様のイメージをしっかり持って、SNSを地道に運用すれば、お客様に自社のことを知ってもらえる可能性は高まります。

このSNS運用の地道な努力をするお客様のサポートを、地域金融機関の職員が一緒にするのです。SNSの運用でつながったお客様のネットワークは、その会社にとって無形の大きな資産になります。SNSでつながっていると、自分たちがお客様に伝えたいことをいつでも伝えられるツールを持っていることになるのです。

◆SEO対策

WEBマーケティングの効果的な技術の一つが、Google や Yahoo の検索機能です。検索機能は消費者が知りたいことや、悩んでいることをキーワードにしてWEB上で検索して、上位表示されたものを見て調べるときに使います。

検索するときに、自社のサイトが上位に表示されれば、検索されるごとに自社の商品やサービスが悩みをもつお客様の目にとまり、お客様の課題を解決することにつなげられるのです。ＷＥＢ上の下位に表示されたのでは、自社のサイトが読まれる可能性は低くなります。したがって自社のＷＥＢページを上位に表示させるようにする必要性があるのです。

上位に表示させるためには、Googleの検索エンジンがＷＥＢページの内容を良いか悪いかを評価して、上位に表示されるようにしていかなければいけません。評価が高いページになって上位に表示されるようにすることを、ＳＥＯ（検索エンジン最適化：Search Engine Optimization）対策といいます。

ＳＥＯ対策については、専門のＷＥＢ運用業者の協力を得なければなりませんが、そのときでもやはり自社の強みや消費者に知って欲しいことを、きちんとＷＥＢページ上で表現することが重要になってくるのです。

ここでも強みの洗い出し作業が必要で、地域金融機関の担当者のサポートが大変役立つのです。地道なＳＮＳ運用によるフォロワー数の増大、そのことによる消費者の認知の拡大や、ＳＥＯ対策による検索上位表示は、コストを多額にかけられない中小企業にとっては有効な施策になります。

◆リスティング広告

一方で、SNS運用によるフォロワー数の増大やSEO対策による検索上位表示に、費用はかからないのですが、消費者に知ってもらうのに時間を要します。この時間を節約する方法として、GoogleやYahooのリスティング広告、SNSのターゲティング広告があります。

リスティング広告は、消費者が知りたいワードで検索したときに、「スポンサー」「広告」と表示されるものです。「スポンサー」と書いてあるWEBページを消費者がクリックすると、関連するページが出てきます。

そのとき消費者に一回クリックされた場合、広告主は広告料として一クリック100円、200円と費用がかかってくるのです。ポータルサイトやSNS等にバナー広告や動画広告として出てくるのも同じ種類のものです。

◆ターゲティング広告でピンポイントの情報発信

SNS広告やGoogle・Yahooのリスティング広告、バナー広告は、ターゲット顧客を絞って広告配信することが可能です。年齢や性別、趣味、嗜好、地域、時間帯別にターゲットに対してピンポイントに広告を表示して、自社商品やサービスを購入する可能性の高いお客様にクリックしてもらい、自分のSNSやホームページ、ランディングページ、ECサイトに来てもらう仕組みです。

WEB上でWEB広告から導線を作って、集客する仕組みを作ります。これによって自社商品を買って欲しい人に、直接クリックしてもらって認識してもらうという、スピード感のあるWEB広告の運用手法になるのです。

この手法を使うときも、自社の強みを明確にして、どのようにしたらターゲットである消費者が自社の商品を買ってくれるのかを考えることが重要になります。

ターゲットを決める作業のときにも、地域金融機関の職員のサポートが必要になるのです。

◆コンテンツマーケティングでストーリーを語る

世の中には、同じような種類の商品やサービスが溢れています。そのため消費者は、商品の情報が多すぎてどの商品を選んだら良いか認識ができなくなっています。

したがって、企業側は商品を買ってもらう理由を発信する必要性があるのです。

その時に必要なのが、商品が作られたストーリーをお客様にアピールすることです。

例えば、ある無農薬の果樹栽培農家さんが果物を販売しているとします。その果物はどうして無農薬で栽培されるようになったのでしょうか。それは、数十年前に、社長の母親が農薬アレルギーになり、果樹栽培の仕事ができなくなったのを機会に、無農薬栽培に転換したのです。いまも事業を継続し、母親は従来と変わらず果樹農家の仕事を続けることができています。

この無農薬でできた果物は、母親を助けたいという優しい想いから生産されたもので、その想いは消費者のお母さんや、子供さんにとっても安全で安心な果物となっているはずです。無農薬栽培を開始したいきさつと、安心・安全をアピールして、そのストーリーからものを認識してもらうブランド作りをするのです。

現在はＳＮＳの発達によって簡単に情報発信ができます。この商品のストーリーや想いを消費者にアピールして消費者の共感を得て、ファンになってもらい、商品を買ってもらうような仕組み作りをすることがコンテンツマーケティングになります。

◆データ分析に長けたWEBマーケティング

ＷＥＢマーケティングのもう一つ大きな特徴として、消費者がクリックをしたり、検索をしたりしたデータが取れるということがあります。

例えばInstagramのインサイト機能では、どの性別のどの年齢層の人が、どの時間帯に、クリックしてみてくれているかなど、自社で分析ができます。

Googleアナリティクスは、消費者がサイトにアクセスした状況を分析できるツールで、Googleサーチコンソールは Googleがどのように自社のサイトを評価しているかを分析してくれます。

これらは、ターゲットである消費者が自社サイトを見る際のサイトの良し悪しを評価してくれます。悪いところを改善することで、消費者が検索したときに自社サイトが上位に表示されやすくなるよう改善するためのツールです。

Googleアナリティクスや Googleサーチコンソールは専門性の高い分析ツールになりますので基本は提携しているＷＥＢの運営事業者に分析をお願いした方が良いと思います。分析結果のフィードバックについて、中小企業の経営者さんでは、理解が進まないこともありますので、ＷＥＢ業者とお客様の間に入ってコミュニケーションをとっていくという大きな役割を地域金融機関の職員が担えます。

◆クラウドファンディングは情報発信の有効ツール

お客様の商品やサービスを知ってもらう方法として、クラウドファンディングという手法があります。クラウドファンディングというと、資金調達の手段という側面もありますが、資金調達をするときに、広く世の中に自社の作りたい製品やサービスをお知らせするWEBマーケティング手法でもあります。

特徴のある商品を作るときに、消費者に自社の想いや商品を作る意義について、WEBを使ってアピールし、資金を集めて商品を作ったり開発したりするのです。

クラウドファンディングは資金を集めることが目的ではあるのですが、資金を集めることを通じて、世の中に自社の製品のことをアピールする手法にもなります。消費者に自社の製品を知ってもらう良い宣伝のツールになるのです。

クラウドファンディングを組成するときにも、地域金融機関はお客様をサポートします。お客様の想いをクラウドファンディングの運営事業者へ伝え、経営者の想いを世の中に広げる重要な役割の一端を担います。

◆ふるさと納税で全国に自社商品をアピール

ふるさと納税もWEBマーケティング手法の一つになります。自社の製品をふるさと納税の商品ラインナップの中に組み込んで、全国の消費者にアピールする手法です。自社の製品を消費者に知ってもらう良い機会になります。

◆インフルエンサーマーケティングは即効性のある販売手段

その他のＷＥＢマーケティング手法としては、インフルエンサーマーケティングがあります。ＳＮＳ等でフォロワー数を多く持つインスタグラマー等を活用します。このインスタグラマーに自社の商品を使ってもらい、拡散力を使って世の中に自社の製品の特徴を知ってもらう仕組みです。

◆ＰＲ ＴＩＭＥＳでＷＥＢメディアを攻める

ＰＲ ＴＩＭＥＳはＷＥＢメディアを中心に記事をプレスリリースするサービスです。ＰＲ ＴＩＭＥＳで発信するリリース情報は、自社の新商品の発表であったり、イベント情報であったり、皆さんに知って欲しい活動内容で、ＷＥＢメディアにリリースします。

ＰＲ ＴＩＭＥＳの特徴は、従来の新聞やテレビだけにリリースするのではなく、ＷＥＢ上のポータルサイト等にもリリースできる仕組みです。リリースができるメディア数は10000社以上あります。その中で自社の商品やサービスと親和性が高いWEBメディアを中心にリリースするのです。

自社や商品に関心があるであろう読者がいるWEBメディアに掲載することで、より自社の商品を知ってもらえるチャンスが増えるのです。自社の活動がWEB上で目に止まりやすくなるわけです。

PR TIMESでリリースした記事がWEBメディアで紹介されて、それを読んだ消費者に興味を持っていただく。リリースした記事の中には、自社を紹介するホームページや、ランディングページ、またSNS等のリンクを貼っておき、興味を持ってくれた人に、自分たちの商品・サービスを知ってもらったり、購入してもらったりということが、WEB上でできるのです。

PR TIMESを活用したWEBメディアへのリリース活動は、WEBマーケティングの施策と非常に相性が良く、WEB上で消費者に自社の商品やサービスを認知してもらうのに有効な手段になるのです。

◆人流データで戦略をブラッシュアップする

人流データとは、移動する人が持つスマートフォンなどの位置情報をもとに、リアルに人の動きをデータとして可視化して分析するツールです。例えば成田空港に降り立ったインバウンドの外国人が全国の観光地を、何日目にどのくらいの人数がどの観光地を訪問して、何日間滞在しているのか、というデータが可視化できるのです。

従来は、施策を行っても感覚的にしか人の流れを理解できていなかったかもしれません。しかし、この人流データを分析することで、実際に移動する人の動きがデータとして確認できるのです。

地域の人たちが集客する施策を企画するときに、自分たちの地域に来てもらうために、どのように誘客していくかや、新しい観光資源を開発するためにどのようにするかなど、具体的な施策を考えるときに、リアルのデータとして活用できます。そして、実際に行った施策に対して効果があったのかということも、リアルのデータとして検証することが可能なのです。

地域の中小企業では人流データを直接活用することは、コスト的に大変かもしれませんが、自治体と組んだり補助金を使った施策の中で活用したりすることで、より精度の高い集客の方法を考えることができると思います。

以上が主なＷＥＢマーケティングの手法ではありますが、これらのＷＥＢマーケティング手法を組み合わせて、リアルとＷＥＢを通じた販売企画をしていきます。お客様とＷＥＢ業者と協力して、効果的な販路拡大手法を企画していくのです。

この企画を作っていくことは、常に中小企業の社長に寄り添っている地域金融機関の職員が非常に適任といえるのです。

地域金融機関の新しい働き方

第6章

◇ＷＥＢマーケティングは企画が重要

中小企業とＷＥＢ業者の間を通訳して企画する

ＷＥＢマーケティングをするためには企画が重要になってきます。ＷＥＢマーケティング技術である、ＳＮＳマーケティングやGoogle、Yahooのリスティング広告といった手法は、スマートフォンの普及が進んだ現代のネットワーク社会の中では、有効なツールです。

しかし地域の中小企業にとっては、ＷＥＢマーケティング技術の使い方は簡単ではありません。ＷＥＢマーケティング技術を使うときに、ＷＥＢ上に自社商品の強みや、特徴を言葉や映像として表現することが難しいのです。

そこで普段、中小企業の社長さんと、経営の話や商品の特徴、経営者の想いを聞いている地域金融機関の職員が、一緒になってＷＥＢマーケティングによる商品の情報発信を考えるのが良いと思います。ＷＥＢマーケティングの運営会社と、中小企業の社長、地域金融機関の職員、三者で協力して商品販売拡大の企画を考えるのです。

その際に、ＷＥＢマーケティングの運営会社の社員は、中小企業の社長の強みが理解しにくく、一方、中小企業の社長は、ＷＥＢマーケティング運営会社の担当の方に自社の強みを伝えることが難しいという問題があります。

そこで、二者の間に通訳の役割として地域金融機関の職員が入ります。そうすることで、ＷＥＢマーケティング技術を使って情報発信する仕組みを一緒に企画して、地域内、地域外、世界に情報発信することができるのです。

◇地域の中に眠っている無形資産から付加価値創造する

葉っぱからでも収益は上げられる「葉っぱビジネス」

地域の中に眠っている無形資産から付加価値創造活動が行えます。地域の中で眠っている無形の資産から付加価値創造した良い事例として、徳島県上勝町にある株式会社いろどりさんの「葉っぱビジネス」の事業が有名です。

上勝町は徳島県の山深いところに位置する高齢化が進んだ地域です。この地域の主要な産業は林業以外に従来はなかったのだと思います。高齢化と過疎化という課題に直面している地域に、システム会社出身の社長が、新しい付加価値を創造したビジネスモデルを作り上げました。この地域のおばあちゃんたちに葉っぱをとってきてもらって、都会の料亭等に出荷するビジネスモデルです。

上勝町の中にある山や里には、もみじや楓の葉っぱはごくありふれた植物としてあります。上勝町の里山の中にある限りでは、葉っぱ以上の価値はありません。しかし都会の高級料亭にでてくる料理に添えられた、上勝町のもみじや楓、木の実は、料理を食べるお客様にとって食事に彩りを与える価値の大きな商品・素材（コンテンツ）になるわけです。これをシステム化して、都会の料亭から注文を受け、注文を受けた葉っぱを上勝町のおばあちゃんたちにとってきてもらい、出荷するというビジネスモデルを構築しているのです。

このことは、地域の中にある自然という無形の資産を見事に付加価値化した素晴らしいビジネスモデルだと思います。これによって地域の人たちは新しい収入源を得られましたし、都会の料亭で食事をするお客様にとっても、情緒のあるおいしい料理を食べることができ、誰もが損をしないビジネスモデルとなりました。株式会社いろどりさんのビジネスモデルは、無形資産が重要であるということを示していると思います。

地域の中には、その場所だけでは価値を生んでいないけれども、場所を変えたり、新しい組み合わせを作ったりすることで、新たな付加価値を生む商品やサービスが無尽蔵にあるはずです。地域にある無形資産の代表的なものは、地域の文化や歴史、自然、風土、食、伝統といったものです。

この無形資産と地域のお客様の商品（コンテンツ）を組み合わせることで、新たな付加価値創造活動はできるのです。

認知されないと存在しないのと同じ

地域の中にある素材（コンテンツ）は良いものがたくさんあります。しかし、素材（コンテンツ）のある地域以外の人たちには認知されていません。必然的にその商品やサービスを知らないので買われないということになります。

ザイオンス効果で認知度を上げる

心理学理論の中に「ザイオンス効果（単純接触効果）」という考え方があります。「ザイオンス効果」とは、特定の人物や物事に何度も繰り返し接触することで、その人物や物事に好感を持ったり、評価が高まったりするという心理学の考え方です。自社の商品やサービスをいかに潜在的なお客様に見てもらえる機会を多く作るかが重要になってきます。

セブンヒッツ理論で親密度を上げる

また「セブンヒッツ理論」という考え方もあります。「セブンヒッツ理論」とは、CMに7回触れることで、店頭での商品の購入率が高くなるという理論です。「セブンヒッツ理論」の代表的な事例としては、マクドナルドの広告戦略があります。マクドナルドはテレビCMや看板、インターネット広告、店舗内のポスターなど多くの媒体で繰り返し露出することで、消費者はマクドナルドの商品やサービスに対して高い認知度を持ちます。また期間限定の商品やキャンペーンを展開することで、消費者の関心を維持し、よりお客様の認知度を高めてマクドナルドに対する親密度を上げて、購入に至る導線を作っているのです。

このように心理学理論からも、地域の中の良い商材であっても、購入や利用して欲しいお客様に知ってもらい、商品やサービスを認知してもらうことが重要なのだということがわかります。自社の商品やサービスを宣伝して認知してもらう活動が必要なのです。

地域金融機関の職員が一緒に情報発信のお手伝いをする

地域の中小企業はマクドナルドみたいな大手の企業のように、広告費を多大にかけることはできません。

このときに役立つのがＳＮＳマーケティングや、Google、Yahooのリスティング広告の技術です。

これを地域金融機関の職員とＷＥＢマーケティングの運営会社が組んで一緒になって、お客様の商品やサービスを発信する企画を作っていくのです。

このときにお客様とＷＥＢ運営事業者の間に入って調整することが重要になります。やはり地域の中でリアルに中小企業の経営に寄り添っている地域金融機関の職員が調整役として良いのです。

◇ネットワークの広がりが最大の無形資産となる

ネットワークの拡大で地域金融機関の信用力とブランド力を向上させる

地域金融機関が行うプロジェクト型業務は、商品やサービスを通じた新しい付加価値創造活動になりますが、実際には人と人とをつなげてネットワークを広げる作業なのです。

地域の中で地域金融機関が携わるプロジェクトが増えるということは、このプロジェクトに関わる地域の人のネットワークが拡大しているということです。そして、プロジェクトを通じたネットワークが広がっていくということは、地域のお客様からの信頼がより大きくなるということで、地域の中での地域金融機関の信頼度（ブランド価値）がより大きくなります。

そして信頼度が大きくなれば、これから立ち上がるプロジェクトの関係者に対しても安心感を与えることになり、相乗効果でプロジェクトが円滑に運営できる「正の循環」に入ってくるはずです。

そうすると、ネットワークの効果で地域金融機関の信用力アップ↓ブランド力アップ↓プロジェクトの運営がやりやすくなる、となります。

現場と本部が協力してプロジェクトを遂行させる

これを現場の支店の担当者と、本部のサポートチームが一体となってプロジェクトを遂行していくのです。そして本部はこのプロジェクトがうまくいくためのツールや、業務の省力化を進め、よりプロジェクトをスムーズに運営できるように、担当者のサポートを行います。そしてプロジェクトに関わる職員を管理するのではなく、プロジェクトの内容や進捗を管理する手法に仕組みを変えます。

プロジェクト型業務は企画が中心の業務になるので、スマートフォンがあれば担当者はいつどこにいても業務が可能になります。プロジェクト型業務は企画をすることが一番重要な仕事になるので、効率的な業務運営ができるのです。

お客様との信頼関係をより強固にするプロジェクト型業務

プロジェクト型業務が進んでいく中で、一番重要なことは、お客様から信頼され、頼られるプロジェクトをどれだけ多くの数を作れるかになります。目先の数字にとらわれず、本当に地域のため、お客様のため、地域を助ける気持ちで、真心を持ってお客様をサポートする仕事をどれだけ作ることができるかが勝負なのです。

このプロジェクトを通じた信頼ネットワークを構築することができれば、地域の皆さんが将来にわたって地域金融機関を潰すことは認めないはずです。

真心を持ってプロジェクト型業務の活動を行う職員を地域金融機関の中にどれだけ多く持っているか、お客様の課題に対して一緒になって解決していくプロジェクトをどれだけ作れるか、それらがこれからの勝負になるのです。

数字の管理をするのではなく、地域金融機関の職員が関わるプロジェクトを管理していく手法に変える必要性があります。

事業領域に情報とネットワークから稼ぐスタイルを加えて進化させる

地域金融機関は、最後には融資というかたちで収益を上げあげられる強みがあります。プロジェクトを作った後は、プロジェクトから資金需要が起こってくるので、最初は小さいプロジェクトをどんどん作ります。プロジェクトの数を増やし、融資というかたちで利息収入を得ながら、時間が経つにつれてプロジェクトをどんどん大きくして、融資の利息とプロジェクトの両方から収益を上げる仕組みを作っていけばよいのです。

◇地域活性化活動の根底にある共通の利益

地域の中で、「地域を良くしたい」との想いを束ねる

地域活性化活動を行う上で根底にある関係者の共通利益を、プロジェクトに関わる人たちが認識する必要があります。プロジェクト型業務を通じて地域活性化活動を行うときに大切になってくるのが、地域の共通利益を作っていくという考え方を地域の皆さんと一緒に持つということです。

自分たちだけが、自分の会社だけが、地域金融機関だけが良くなれば良いという考え方では、プロジェクトを組もうと思っても、信頼関係が作れないので関係者の協力は得られず、プロジェクトは失敗に終わってしまうでしょう。

プロジェクトを遂行する上で根底にある考え方として、付加価値創造活動が地域

三者協力のプロジェクト

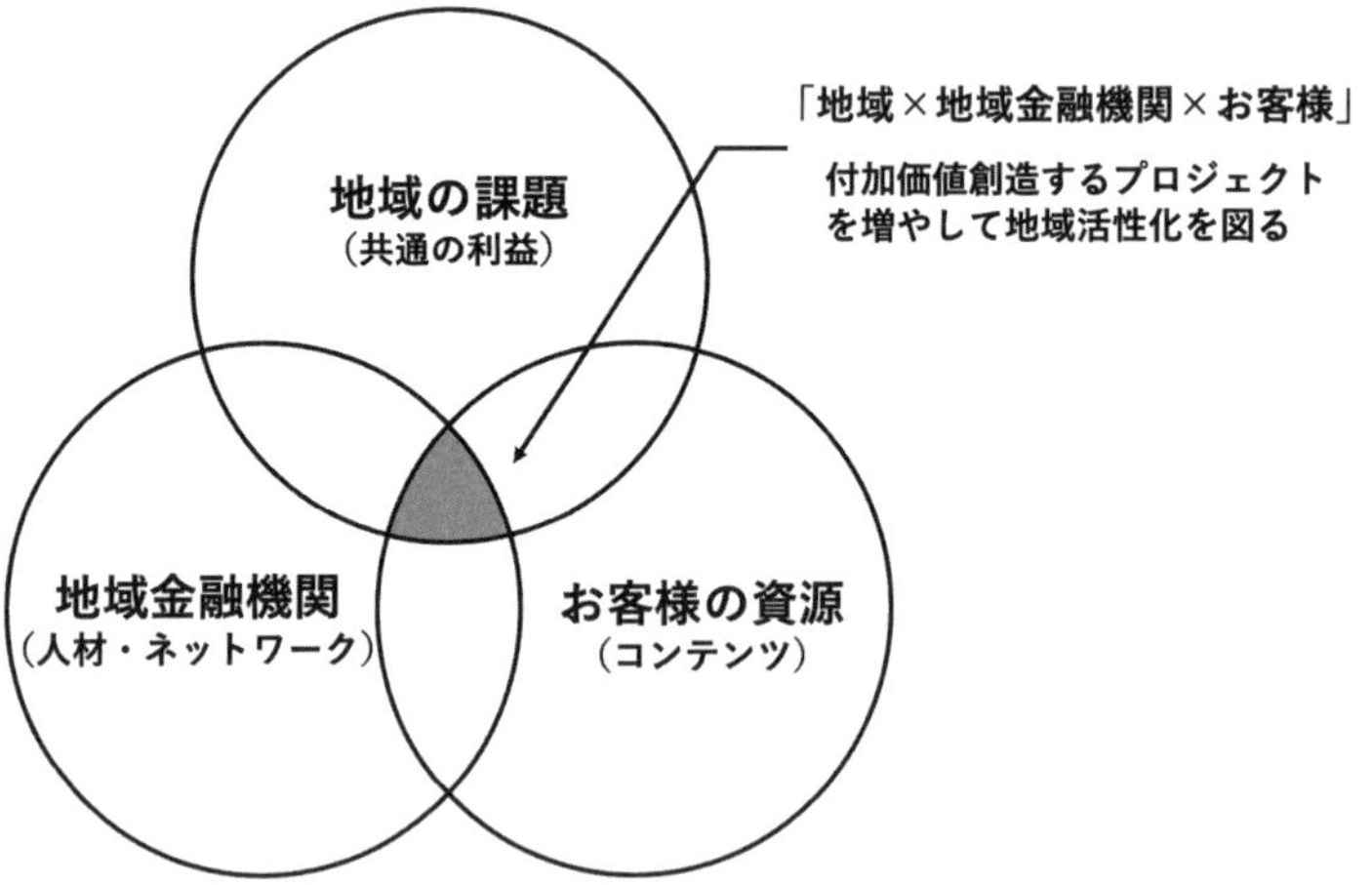

の活性化のためになっているということが重要で、この考え方を共有しながら中心となって活動できる組織は、地域の中では地域金融機関しかないと思います。地域を良くしていこうという想いを共有することが重要なのです。

そして、この地域の共通の利益を作っていくという考え方は、今まで地域金融機関が長年築いてきた地域の中でのお客様との関係性（ネットワーク）の上に、新たに立ち上がるプロジェクトを通じて、さらに広がりのあるネットワークとして拡張していくはずです。

◇地域金融機関の職員が地域のタウンマネージャーになる

地域課題に対してプロジェクトを立ち上げる

ゆくゆくは、地域金融機関の職員が地域のタウンマネージャーの役割を果たすようになるのではないかと思います。

プロジェクト型の業務を遂行するためには、地域のお客様と、お客様や、WEBマーケティング運営会社の間を取り持って、プロジェクトをスムーズに遂行させていくプロジェクトマネージャーの役割が必要になります。その役割を地域金融機関の職員が行うことが適切だと考えるためです。

地域金融機関の職員がお客様の困り事に対してプロジェクトベースで解決し、新しい付加価値を創造していく。地域の中で、このようなプロジェクトが地域金融機関の職員を通じて自然発生的に生まれることは、地域を活性化する活動そのものです。

地域金融機関が地域活性化のために、地域の課題をお客様と一緒にプロジェクトベースで解決し、新しい付加価値創造活動の中心になって活動するということは、地域金融機関の職員が地域の中でタウンマネージャーとしての活動を行うということになるのです。

地域の人たちから寄せられる大きな期待

そしてこのような地域金融機関の動きを地域の人たちも強く求めています。誰でもがこのタウンマネージャーという役割を果たせるわけではありません。

例えば自治体は民間企業ではないので、どうしても政策ベースの活動になり、現場での実行レベルでは動きが制約されてしまいます。

また民間企業も一企業単位の活動になることから、動ける範囲が限られているのです。

地域金融機関は民間企業でありながら、地域の中で高い信頼性とネットワークを持っています。地域の中での関係者の間を自由に取り持って、行き来することができるタウンマネージャーとしての役割に最適なのです。

プロジェクト型業務の延長線上にある地域活性化活動を行うタウンマネージャーとしての役割が、地域金融機関の新しい事業として加わるべきだと思います。

◇ＡＩにはできない、人と人をつなぐネットワーク作り

ＡＩがプロジェクト型業務のサポートをする

プロジェクト業務の根本は、ＡＩができない企画を行い、リアルの人と人をつな

いでいくことです。これからはＡＩの技術が地域金融機関の仕組みの中に入ってきて、業務をどんどん効率化していくことと思います。

地域金融機関の担当者がお客様との間で話している内容をスマートフォンのデータに取り込んで、お客様に対してその場で良い提案を、ＡＩが候補として出していくというような営業スタイルの変化が様々なジャンルで起こり、営業のスタイルは楽になってくるはずです。

プロジェクトが人と人をつなぐ接着剤

将来はどの企業もＡＩの技術をツールとして使うようになるでしょう。そうなると、残された地域金融機関の価値はどこにあるのでしょうか。

それは現場にいる担当者とお客様が直接会って話ができるということです。

リアルの現場が重要になってくるのです。担当者とお客様が普通に会って前向きな話ができるという関係は、お互いに信頼関係がないとできません。

信頼関係を作るためには現場の担当者が真剣にお客様のことをサポートするという気持ちがないと、お客様も地域金融機関の方を向いてくれないのではないかと思います。

ここで重要なのが、プロジェクト型業務を通じた人と人のネットワークの拡大です。プロジェクト型業務を多く起こすということは、地域の中で地域金融機関とお客様の接点が増えるということで、プロジェクトを通してネットワークが広がるということです。

何度もいいますが、地域金融機関はすでに地域の中でお客様とのネットワークを持っています。このプロジェクト型業務で、さらにネットワークを広げれば、地域金融機関の地域での信頼度はさらに上がるはずです。

リアルで人と人をつなぐことが強みになる

今後ＡＩが浸透した社会では、人間にしかできない人と人が会ってネットワークを作るということが強みになるはずです。プロジェクトを作り付加価値創造を行い、人と人とをつなぐネットワークを広げて信頼関係でつながったネットワークを強固にしていくのです。

人と人が会ってネットワークを広げていくという作業はＡＩにはできません。これができるということが地域金融機関が持つ強みなのです。

地域金融機関はすでに、お客様との接点であるネットワークを持っています。Ａ

I技術やWEBマーケティング技術を使って、この人と人をつなぐネットワークをさらに拡張すれば、地域金融機関はまだまだ地域の中で成長していくはずです。

◇人と人をつなぐネットワーク資産価値を最大化させる

ネットワークは強力な無形資産

人と人をつなぐネットワークは、強力な無形の資産です。このネットワークの価値を最大化するために価値観を共有する地域のあらゆる人たちとつながっていくことが大切です。

例えば地域金融機関を退職した人たちともつながり、一緒にプロジェクト業務を行ったりすることです。**地域の中にいる人材を、組織の壁を取り払い、社外・社内関係なく活用する発想を持つことが必要です。**

AIが発達してあらゆる場面でデジタル技術によるDX化が進んでいくことで、

世の中は便利になっていきます。一方で、人と人とのつながりは希薄になって、人間的なものや、情緒的なものを感じることが難しくなり、何もしなければ人間的な関係性が発生しない時代になってきていると思います。

イノベーションが起きるリアルの人と人のつながり

デジタルを使った技術的なイノベーションは、これからもどんどん起こってくると思いますが、新しい価値創造を行う（イノベーションを起こす）ためには、人と人がつながる必要性があるのです。

人や組織が持っている技術をつなげるためには、人と人が会わなければいけないのです。だから人と人のネットワークが必要なのです。いかに人と人をつなげていくかが、これからの地域にとっては非常に重要なことです。人のつながりによるネットワークこそがＡＩ時代の最大の資産になると思います。

地域に張り巡らされた地域金融機関のネットワーク

このつながりは地域金融機関のネットワークだけでなく、地域の中で技術を持った人、資源（コンテンツ）を持った人、行政の方たち、誰でも良いのです。地域を良くしたいと思う**「共通の利益」**という意識を持った人たちがつながって、プロジェクトを通じて新たな付加価値創造活動を行うのです。

価値観を共有している人たちであれば、誰でもがプロジェクトに参画して地域のために働けばよいと思います。なので、地域金融機関を退職した人たちも同じようにプロジェクトに参画してもらうとか、ＯＢ人材のネットワークもどんどんつなげて新しい付加価値創造活動を行っていくべきだと思います。

◇刈り取る営業から、育てる営業へのスタイル転換

マンパワーで行う刈り取り型営業の限界

人口が増加していた高度成長期の時代は、獲得目標を掲げて、その目標に対して一生懸命に頑張って数字を獲得することで成績が上がり、組織の業績も達成できていました。営業人員の労働量（時間）に対して成績がついてきていたのです。

しかしこの営業スタイルは限界を迎えていると思います。生産年齢人口の減少による日本国内の消費量が減少し、同業者間の競争が激しくなっているためです。営業する人が、従来は１００％の労働力で達成できていた目標が、１５０％や２００％の労働力をかけないと達成できないのです。

一方で、働く人たちの人口は目に見えて減っていきます。従来の営業スタイルで、今までの業績を達成するためには、日本国内の消費の需要の減少と、働く側の労働人口の減少という二重の制約により、一人当たりの営業マンの負荷は、二倍にも三倍にもなってくるはずです。

これでは従来の営業の仕組みが成立するはずがありません。

プロジェクトを育てる発想が重要

ここで大切なのが需要を創造する（新たな付加価値を創造する）という発想です。プロジェクト型業務による育てる営業スタイルです。地域の中でまだ眠っている資源（コンテンツ）を世に出していくことや、地域の課題に対して解決策を打ち出すビジネスを、地域金融機関の職員がプロジェクトマネージャーとして育てるという発想に転換していくことが重要なのです。

◇起業家を輩出する地域金融機関になる

地域金融機関が地域課題を解決するプロジェクトをいくつも立ち上げていくと、プロジェクトが大きくなり、プロジェクト業務経験を活かして独立する職員も出てくるはずです。そんな彼らは地域の人と人をつなげて、プロジェクトを企画し、新たな付加価値を創造する活動を行える優秀な人材です。このような人材は地域金融機関の外にでて、もっと大きい事業にチャレンジしたいという想いを持つことは普通にあると思います。

このような前向きな職員には、あえて組織の中で留めおかずに、組織の外で自由に活動してもらう方が地域にとっても良いことだと思います。外に出たからといって地域金融機関のプロジェクトに関わり合いを持たないということではなく、地域内の優秀なプロジェクトマネージャーとして一緒に活動すれば良いのです。

そして、いったん退職して組織の外に出て経験を積んだ人材を再雇用したり、副業先として地域金融機関に招いたり、またはサポーターとして地域金融機関が携わるプロジェクトに参画してもらうということも十分に考えられます。

地域金融機関の企業文化を知っているだけでも、非常に心強い応援団になるはずです。

このような、ありとあらゆる地域の人材ネットワークをつなげて収益を獲得することが地域金融機関の使命と定義すれば、必ず地域が活性化していくはずです。

◇WEBマーケティング会社の協力

WEBマーケティングの知識不足

地域金融機関の職員はWEBマーケティングに関する知識が不足しています。WEBマーケティングの表面的な知識の理解にとどまり、仕組みとして根本的な理解ができていません。ＷＥＢマーケティングの知識をしっかり学んで理解しておけば、実際の現場でお客様に対して企画を提案するときに、より効果的に信頼度の高い説明ができると思います。今は、しっかりした知識がないために、販路拡大のサポートができていないのです。

ＷＥＢマーケティング研修システムの構築

そこで提案なのですが、ＷＥＢマーケティング運営会社に、地域金融機関の職員を三カ月間程度インターン生として、実地で勉強させてもらえるような研修の仕組みが作れないかと思っています。三カ月間、実際にＷＥＢマーケティング運営会社の人と一緒に現場のお客様の販路拡大のサポートをするのです。

三カ月間実地の勉強をするだけで、銀行に戻ってお客様の販路拡大のサポート活動をするときには、提案内容の質は格段に上がるでしょう。地域金融機関の職員の対人調整能力とＷＥＢマーケティングの力がつけば、お客様から見ればものすごくありがたい存在になるはずです。

ＷＥＢマーケティング会社と一緒に営業

ＷＥＢマーケティング運用会社の立場からすると、地域のお客様を新規開拓して、顧客として獲得することは大変だと思います。

新規のお客様を獲得するのは、地域金融機関の職員に任せて、地域金融機関とＷＥＢマーケティング運営会社、お客様の三者で販路拡大の企画をすれば、それぞれの組織の強みを活かせる効率的な仕組みができると思います。

ここで、地域金融機関が関わることで成功したプロジェクトの事例をご紹介します。

◇事例Ⅰ（レンタル電動自転車事業）

Ａ社さんは電動自転車のサブスクリプションのシステムを提供する会社です。

オシャレな電動自転車を観光関連事業者さんに貸し出して、観光客の方に簡単に利用してもらいます。

現在の日本では、インバウンド観光客の数が多くなり、主要な観光地である東京、大阪、京都、奈良以外にもインバウンドの観光客が大勢おり、今後も各地域における外国人観光客の増加が見込まれています。

地域の観光関連事業者さん側からみると、サブスクリプションで電動自転車を賃借できるので、多額な資金を必要とせず、簡単にレンタル用の電動自転車を導入することができるのです。

【課題解決策の企画】

①A社さんは、地域の中で取引先のネットワークが少なく、観光事業者さんに直接営業をかけることができておらず困っていました。

②観光事業者さん側は、インバンド観光客の方に対して、新たな旅行の提案や、移動手段が提供できずにいました。

【付加価値創造するための７つの切り口からの説明】

①商材の新たな付加価値を見つける

電動自転車は、地域の人向けにレンタルしている場合は多いのですが、オシャレな電動自転車をインバウンドの観光客の観光地を巡る移動手段として、提供するケースは少なかったのです。観光関連事業者さんにサブスクリプションの低料金で貸し出す仕組みを提供したことで、簡単にオシャレなレンタルバイクが導入できるようになり、インバウンドで来た外国人の方に喜んでもらえるサービスが提供できるようになりました。

②商材の新たな販売先の確保

Ａ社さんの既存のネットワークだけでは、電動自転車のサブスクリプション事業の営業の広がりが小さかったので、ここで**地域金融機関のネットワークを使って利用可能性の高そうな観光関連事業者さんを紹介**し、事業の拡大を図ることができました。

③インバウンドへの対応

地域の中でのインバウンドの観光客の増加に対して、地域の中を移動する交通手段の提供と、新たな観光の方法を提供することができました。

◇事例Ⅱ（建材の通信販売事業）

Ｂ社さんはもともと大手の住宅メーカーの窓枠等のサッシを製造している会社でした。大手企業の下請けの仕事だけでは将来に対する不安があり、自社独自での販売先の拡大をしたいと思っていました。

同業他社が自社サイトでサッシの通信販売しているのを見て、Ｂ社さんも通信販売サイトを作ってＷＥＢ上での売上を拡大したいと考え、自社のＥＣサイトを制作しました。

しかし自社のＥＣサイトを作ってみたものの、ＷＥＢ上で集客することはできていませんでした。

【課題解決策の企画】

①自社のＥＣサイトへの集客を図るためにとった施策が、Googleのリスティング広告です。顧客の悩みに応じたキーワードでGoogle検索される仕組みを作り、自社ＥＣサイトへの集客ができるようになり、売上を伸ばすことができるようになりました。

最近はホームセンターに行けば、ＤＩＹ用品として多くの人たちが自分たちで什器や備品を作れるようになっています。しかしホームセンターにある在庫だけでは、対応できない部品も出てくるのです。そのようなときに、Ｂ社さんの通信販売サイトでフルオーダーの部品を作ってもらえるようにしています。

②ＥＣサイトの内容も変更しました。個人事業主の大工さんが住宅を建築するときや、飲食店のオーナーさんが店舗の備品を作りたいとき、車やバイクの改装をする事業者さんが、車両につける装飾品として個別の要望にそった注文ができるように、フルオーダーで製品を提供することが可能なサイトにしました。

【付加価値創造するための７つの切り口からの説明】

①商材のあらたな価値を見つける

ホームセンターでは買えない部品や、独自の部品を小額かつフルオーダーで販売してくれる会社は少ないです。Ｂ社さんがＷＥＢ上で対応可能であることを宣伝したことで、ＷＥＢ上で注文が取れるようになりました。

②商材の新たな販売先の確保

自社ＥＣサイトを運用する前は、大手の住宅メーカーや地元の企業からしか受注がありませんでしたが、ＷＥＢを活用したことで全国のお客様から注文が取れるようになり、売上拡大に貢献しています。また一回注文を受けたお客様の商品を、ＳＮＳ上で紹介したり、お礼のＤＭを送ったりすることで、ＳＮＳ上でお客様とのコミュニケーションが活発になり、リピート利用の拡大にもつながっています。

◇事例Ⅲ（米農家の直接販売事業）

大規模米農家のＣさんは、50歳で転職して、前職とは全く異なる農業をゼロから始められた方です。地域の中では米の生産農家さんが高齢化して、後継者問題に悩まれています。農業を引き継いでくれる後継者がおらず、廃業して残された農地が荒廃していくという悪い循環がありました。

そのような環境の中でCさんは農業を開始し、廃業を考えている米農家さんから次々と田んぼを預かり、ここ10年で地域の中でも屈指の大規模米農家に拡大していきました。

Cさんは研究熱心な方で、従来の栽培方法だけでなく、新しい生産の方法を試したりして独自で工夫を凝らして、とてもおいしい米を作られています。

【課題解決策の企画】

①米の作付面積は非常に大きくなったのですが、従来のJA向けの販売だけでは売上高の上限が決まってしまう悩みを持っていました。付加価値の高いおいしいと評価される米については、Cさんが生産したブランド米として、独自で直接売れる販売先を作っていきたいという希望がありました。

【付加価値創造するための7つの切り口からの説明】

①商材の新たな付加価値を見つける

Cさんは通常の米の生産だけではなく、無農薬米やカレーに合う長粒種の米の生産等の新しい品種の生産にも力を入れており、野心的な挑戦をしています。この新しいタイプの米をCさんの作った独自のブランド米として、地域金融機関のネットワークの中で売るお手伝いをしました。

地域金融機関のネットワークの中には、特徴のある材料を使って新たな商品を開発したい飲食店や食品メーカーがあり、このような事業者さんにCさんが生産した特徴のある米を紹介することで、一般に市販されているお米とは区別されて利用される機会を増やしていきました。

②商材の新たな販売先の確保

全国的に米を仕入れている卸売業者さんを、取引先のネットワークの中で探してきて紹介することで、新しい販売ルートを確保することができました。

◇事例Ⅳ（地域農産物の商品化事業）

D社さんは地域の中で飲食店を複数店運営している事業者さんです。D社の社長さんは地域の食材を使って、地域の伝統的な料理をお店で提供しています。地域の人やインバウンドで来ていただいた外国の方に、地域の食材を使った料理を提供したいという想いがあるのです。

Ｄ社さんは、地域の食材を使ったメニュー作りをしたいという希望はあるのですが、従来の仕入先の中では、地域の農家さんや漁業関係者の方が想いをもって作られた良い品質の食材を仕入れることができていませんでした。

一方で特徴を持った商材を扱うことができる卸業者さんや、加工業者さんが、地域金融機関のネットワークの中にいます。このような卸業者さんとＤ社さんを引き合わせ、メニューの企画開発段階から卸業者さんと一緒になってメニュー開発や商品開発をする仕組みを作っています。特徴のある素材をもとにしたメニューを、多くのお客様に提供できるのは、Ｄ社さんでしかできない強みになっています。

【課題解決策の企画】

①大規模流通では、地域の食材は、均質的なサイズのものしか取り扱ってくれま

せん。

形が不ぞろいなものや、少しキズのあるものは、B級品として安く販売されている現実があります。品質や味には全く問題ないのですが、流通にのせると形が不ぞろいというだけで販売価格が落ちるのです。そのような不ぞろいやキズが含まれる材料を流通へ通さずに、生産者さんや、卸売事業者さんから直接買うことができるようになることで、消費者に地元の新鮮なおいしい食材を使ったメニューを提供することができるのです。
②材料を仕入れているD社さん側は、生産者さんがこだわりを持って作った農産物を直接仕入れるルートを持っていませんでしたが、D社さんと卸業者さんを引き合わせて、一緒になってメニューを開発していく仕組みを作ったことで、飲食店さん側、生産者さん側ともにメリットがある良い施策になっています。
③D社さん側は、生産者さんのこだわりをアピールできるメニュー開発を行い、D社さん側の店舗のアピールとあわせて、生産者さんのこだわりをアピールすることで、生産者さん側のブランド力のアップにも貢献できる仕組みができるのです。

【付加価値創造するための7つの切り口からの説明】

①商材の新たな付加価値を見つける

生産者さんが今まで、流通の中でB級品として取り扱っていた商品を、顔の見える飲食店さんに直接販売することで、適正な価格での売値がつけられました。飲食店さん側も、今まで取り扱えなかった新鮮なおいしい素材をメニュー化することで、新しい付加価値を来店者に提供できました。

②商材の新たな販売先の確保

地域金融機関のネットワークを使うことで、飲食店さん側は今まで出会えなかった仕入先を確保できました。生産者さん側も大手の流通の中でしか販売できていませんでしたが、幅広く買ってくれる取引先を確保することができました。

③インバウンド需要への対応

インバウンド観光客の旅行の目的として、和食を食べたいというニーズがあります。特に地域の伝統的な料理を体験も踏まえながら食べたいというニーズは強いです。D社さんのように地域の生産者さんがこだわりを持って作った材料を使った地域の伝統的な料理を提供することは、インバウンド観光客の要望に応えることになるのです。

◇地方銀行ノマド

地域金融機関の現場をＤＸ化するためには、ノマドワーカーのような働き方が必要だと思い「地方銀行ノマド」というタイトルをつけさせていただきました。

ＷＥＢマーケティングの運用サポートをしてくれている運用会社のメンバーが、彼らのクライアントの仕事を日本全国飛び回りながらこなし、同時に携帯とパソコンだけで、我々の地域のお客様の販路拡大のサポートをしてくれる。

特定の場所や空間・時間に縛られずに、自分たちの特徴や強みを最大限に発揮している彼らの働き方は、今どきのノマドワーカーだと思いました。

そこに地方銀行員の私も、時間・場所に関わらず出張中でも、パソコン一つでメンバーと一緒にお客様のサポートをしている。私自身も地方銀行には所属しているが、ノマドワーカーのような働き方をしていると感じていました。

これからの地域金融機関は人材の強みをより発揮させることが重要になってきていると思います。地域金融機関も発想を柔軟にして、ノマドワーカー的な働き方で、人材の強みを発揮させて、より効率的な仕事ができる環境を作ることが重要だと思います。

おわりに

現在地域金融機関にお勤めの若い職員や、これから地域金融機関への就職を考えている方に、新しい仕事の仕方について書いてきました。地域金融機関が地域の中で、長年築いてきたお客様との信頼関係やネットワークは、お金には変えられない価値があるのです。

今までは、地域金融機関はこの信頼関係とネットワークを利用して、預金取引や融資取引を主要な仕事にしてきました。しかし地域の中で起こる人口減少問題の影響でこれからの地域経済も活性度が落ちてくるはずです。

そうすると従来の獲得型のビジネスモデルでは、限られたパイの奪い合いとなり限界を迎えると思います。

これからはお客様の事業を一緒に育てて、地域を活性化しながら収益をあげていくというモデルでないと成立しない世の中になってくるのではないでしょうか。

地域金融機関の中には優秀な職員が大勢います。その職員たちがお客様の中に入り、タウンマネージャーとしてお客様と一緒に事業の企画をして、新しい付加価値創造活動を行う。このようなプロジェクト型の業務による付加価値創造活動は、これからの日本の地域を助ける良い仕事になってくるはずです。

今の組織の中でいきなりこのようなスタイルで仕事をするのは難しいとは思います。しかしながら担当者の考え方で、お客様と一緒にプロジェクト型業務を行い、付加価値創造活動をすることはできるはずです。

このような仕事の仕方をする職員が地域金融機関の中で、ひとりずつ増えていけば、数年後には、組織全てでこのようなプロジェクト型業務を行うことが当たり前の会社になっているのではないでしょうか。

地域金融機関の仕事は、お客様から感謝される非常にやりがいのある仕事です。AI化が進んで業務が効率化された中では、お客様との接点を持つ現場の担当者の力がますます発揮されていくはずです。

この本を読んでいただいた、全国の地域金融機関の職員が、地域を盛り上げる良いプロジェクトをお客様と立ち上げて、地域の活性化活動をバリバリとしている姿が、全国各地で見られることを想像しております。

今は地域金融機関の仕組みが変わっていく途中で、将来を見通せず不安な感覚もお持ちになるかもしれません。しかし私は、新しい地域金融機関の可能性について楽観的に考えております。プロジェクト型業務を導入すれば、これからの地域金融機関の将来は非常に明るく、働きがいのある良い仕事になると感じているからです。

そのような明るい展望がありますので、現在地域金融機関の中で働いている若い方たちや、これから地域金融機関に入社される方に、頑張ってもらいたいという気持ちで、ペンを走らせました。

これからの皆様の地域金融機関でのご活躍を期待しております。

プロフィール

藤堂敏明（とうどうとしあき）

元地方銀行職員。在職時は「世直し銀行員」としてお客様の困りごとに金融の枠を超えてサポート。現在は地域に新しい風を吹き込む「フリーランスプロジェクトマネージャー」。

元地方銀行員としての経験を活かし、地域活動家として組織に縛られない新しい働き方を提唱。

◎藤堂敏明 X アカウント

地方銀行《ちほうぎんこう》ノマド

地域《ちいき》ネットワーク×WEB《ウエブ》マーケティング

2024年11月15日　初版第1刷

著者　藤堂敏明《とうどうとしあき》

発行人　松崎義行

発行　みらいパブリッシング

〒166-0003 東京都杉並区高円寺南4-26-12 福丸ビル6F

TEL 03-5913-8611　FAX 03-5913-8011

https://miraipub.jp　mail：info@miraipub.jp

企画・編集　小田瑞穂

ブックデザイン　則武 弥（paperback Inc.）

発売　星雲社（共同出版社・流通責任出版社）

〒112-0005 東京都文京区水道 1-3-30

TEL 03-3868-3275　FAX 03-3868-6588

印刷・製本　株式会社上野印刷所

ISBN 978-4-434-34814-3 C2033